KB047394

일어진책

EVOLVING THE WAY
WE WORK

유연한 조직, 성장하는 개인   박현영 지음

북스톤

> "진화의 목표는 생존이고,
> 생존에서 성공은 가장 강력한 포식자가 되는 것이 아니라
> 오래가는 것이다."

○○산업에서 대한민국 1등인 기업이 생존을 고민한다고 한다. 그 말을 듣는 입사 5년 미만의 대리는 표정이 굳는다. 강보에서부터 엄마의 계획 아래 영어 유치원, 사립 초등학교, 자립형 사립 중·고등학교를 졸업하고 인서울 대학을 나와 대한민국 1등 대기업 취업에 성공했는데, 회사는 늘 위기라며 생존을 걱정한다. 1등 기업 구성원으로서의 자부심과 성취감은 느낄 새도 없다. 회사 생존을 내 문제처럼 걱정해야 하고, 그러다 보면 내가 할 수 있는 게 없다는 무력감이 든다.

1등 기업에서도 자부심과 성취감을 느낄 수 없다면 도대체

어디에서 성취감을 얻을 것인가? 대안으로 개인적 목표를 설정하고 달성해본다. 새벽 5시에 기상하는 미라클 모닝, 하루 3시간 운동, 탄단지를 꼼꼼히 챙기는 다이어트를 성실하게 수행하고, 3개월 만에 만족스러운 바디 프로필을 찍는다. 하지만 그다음은?

회사는 매일 적어도 8시간을 머물러야 하는 일상의 한 영역이다. 주 52시간제에 야근도 회식도 없는 워라밸 좋은 회사를 다닌다 해도, 회사생활이 인생의 3분의 1, 보수적으로 잡아도 4분의 1을 차지한다. 그러니 회사생활에서 성취감을 느낄 수 없다면 행복한 인생이라 할 수 없다. 행복은 기대 대비 더 나은 상태, 영어로 하면 'better than expectation'이다.

그런 면에서 과거에는 회사생활이 지금보다 행복했다. 근무시간도 길고, 환경도 열악하고, 분위기도 경직되어 있었지만 성취감의 연속이었다. 대한민국의 빠른 경제 성장으로 회사 성과는 목표를 초과 달성하고, 우리 회사가 만든 한 제품이 한국 최고에 등극하고, 처음으로 수출을 시작하고, 수출액이 몇억 불을 달성했다. 구성원이 그 성과를 공평하게 나눠 받지는 못했지만, 그래도 그 기쁨은 함께 맛보았다. 구성원이 예상했던 것보다 회사가 더 커졌고, 구성원은 기대했던 것보다 더 높은 자리에 올랐다.

지금은 이와 정반대다. 회사 목표치는 달성이 불가능하고, 구성원의 기대는 현실보다 높다. 한편으로는 회사의 목표를 수정해야 하고, 다른 한편으로는 구성원의 기대를 회사 현실에 맞춰야 한다. 지금 우리는 성장만을 목표로 삼을 수 없는 시대에, 남의 목표가 나의 목표가 될 수 없는 이들과 함께 일할 준비를 해야 한다. 백그라운드가 바뀌고 그 배경 안에 들어온 구성원이 바뀌었다. 그렇다면 일은 어떻게 진화해야 할까?

스티븐 제이 굴드Stephen Jay Gould의 저서 《여덟 마리의 새끼 돼지》에는 같은 환경에서 살아남은 달팽이 이야기가 나온다. 특이하게도 이들은 껍데기 형태가 다 다르다. 달팽이가 가진 각각의 독특한 속성이 환경에 적응하는 대안이 된 것이다. 어떤 독특한 해답도 충분히 가능하다는 뜻이다. 진화의 방향은 단 하나가 아니다. 일도 마찬가지다.

플렉시블 워킹flexible working(유연근무라고 번역할 수 있다. 재택근무에 국한된 개념이 아니라 일하는 시간과 공간을 노동자가 자율적으로 선택할 수 있는 근무 형태를 뜻한다)은 일의 진화 방향의 유일한 정답은 아니지만, 여러 방향 중 하나임에는 분명하다. 이는 조직을 성장시키고 개인을 희생시키는 대신, 조직을 유연하게 직조하고 개인도 성장시키는 방향이다. 진화에 성공한다면 조직은 새로운 조직문화를 얻고 개인은 새로운 삶을 얻게 된다.

이를 위해서는 조직과 개인 모두 변화하고 적응해야 한다. 변화하지 않고 살아남을 방법은 없으며, 변화에는 언제나 적응이 필요하다. 특히 플렉시블 워킹에서는 제도만큼 중요한 것이 개인의 적응이다. 개인은 회사의 불완전한 제도, 제도를 허락하지 않는 그분, 제도를 악용하는 그들을 탓하기 쉽다. 플렉시블 워킹에 적응하지 못하는 '나'에 대해서는 별로 우려하지 않는다. 회사 제도가 잘 마련되어 있다면, 내가 관리자라면, 나는 완벽하게 해낼 것 같은가? 일 안 하는 그 사람이 내가 아니라고 장담할 수 있을까? 플렉시블 워킹 제도하에서 과연 나는 잘할 수 있을까?

8년 전을 돌아보면 그렇지 않았다. 제도는 완벽하지 않기 마련이다. 게다가 플렉시블 워킹은 제도가 아니라 구성원 개개인이 완성하는 것이다. 플렉시블 워킹이라는 것 자체가 본인 스스로 일하는 방식을 결정하는 것이기 때문이다. 스스로 나의 특성과 내 업무의 특성을 파악해야 한다. 내가 좋아하는 일의 방식을 택하는 것이 아니라, '나'라는 사람이 '나의 업무'

를 하기에 적합한 방식을 찾아내는 것이다. 누구든 가장 좋아하는 일의 방식은 '짧은 시간, 편하게' 일하는 것이다. 누구나 가능하면 일을 덜 하고 싶다. 하지만 그런 방식이 내게 적합하다고 할 수 있을까?

이제 기준을 바꿔보자. 플렉시블 워킹 방식이든 고정된 워킹 방식이든 목표는 내가 이 일의 '적임자'가 되는 것이다. 플렉시블 워킹은 내가 이 일을 하는 만족도를 높여줄 수 있다. 그러니 본인 스스로 방법을 찾아보자. 지금 당장은 회사 제도가 미비해서, 팀장님이 허락하지 않아서, 업무 특성상 여의치 않아 적극적으로 플렉시블 워킹을 할 수 없을 수도 있다. 하지만 내가 회사를 옮긴다면, 내가 팀장이 된다면, 맡은 업무가 바뀐다면 그때는 어떻게 할 것인가?

오래도록 일해야 하는 시대가 올 것이다. 내가 사업체의 경영주가 될 수 있고, 파트타임으로 일할 수도 있다. 환경이 바뀌거나 건강이 허락하지 않아서 플렉시블 워킹을 할 수밖에 없는 때도 올 것이다. 플렉시블 워킹은 거스를 수 없는 일의 방식이다. 이 새로운 방식에는 훈련이 필요하다. 이를 위해 먼저 시작하고 훈련을 거쳐 자기만의 플렉시블 워킹 방식을 만든 사람들의 실천 유형을 공유한다. 이 또한 정답이 아니라 그들의 방식이다. 그들의 방식도 계속 바뀔 것이다. 처한 상황에 맞게, 수행하는 업무에 따라 그야말로 유연하게 일하는 것이 플렉시블 워킹이므로. 다만 한 가지는 바뀌지 않는다. 일하는 방식을 정하는 주체는 '나'라는 사실이다.

차 례

1장
플렉시블 워킹, 무엇부터 어떻게 왜?

4장

플렉시블 워킹 제도와 도구들

한국형 플렉시블 워킹 8년의 기록

플렉시블 워킹, 리모트 워크remote work, 모바일 오피스mobile office. 어떻게 부르든 장점은 확실하고 한계도 뚜렷하다. 1시간가량의 '리모트 워크' 강의만 들어도 이를 명확하게 파악할 수 있다. 장점은 비용 절감, 업무 효율, 밀레니얼 세대가 좋아하는 자율성 확보, 불필요한 피로감 감소, 그에 따른 인재 확충이며, 한계는 성과 측정과 커뮤니케이션 그리고 협업의 어려움이다. 한계를 극복하려면 시스템을 통한 상호 신뢰와 명확한 성과 측정이 필요하다. 플렉시블 워킹은 모두 원하고 모두 알고 있지만 시작하기에 엄두가 나지 않고 성공률이 낮다는 면에서 다이어트와 유사하다(다이어트는 먹는 양과 탄수화물 섭취를 줄이고, 저녁 6시 이후 먹지 않고, 운동을 꾸준히 하면 되지만, 시작이 어렵고 성공률이 낮다).

이 책은 2017년 1월에 플렉시블 워킹을 시작하여 2024년 현재까지 8년째 유지하고 있는 조직의 일원인 한 사람의 기록이다. 성격과 업무 특성은 조직마다 다를 수 있지만 외국 기업의 제도를 이식한 것이 아니라 처음부터 구성원들 스스로 규칙을 만들고 몸소 해보고 조정해가며 8년째 유지하고 있는 점에서 한국식, 수평적, 적응형 플렉시블 워킹 방식이라 소개할 수 있다.

규칙을 세세하게 만들지는 않았다. 규칙은 빠져나갈 구멍을 만들고, 규칙에 명시되지 않은 예외 사항을 처리할 수 있는 유연함을 떨어뜨린다. 가이드라인은 '일이 되게 하라'는 원칙하에 '이렇게 하는 것이 좋겠다'는 일종의 약속이다. 어떤 약속은 자연스럽게 사라졌고 어떤 약속은 지금까지 유지되고 있다. 예를 들면 매일의 업무일지는 언제인지 기억도 없이 사라졌고, 구글 캘린더에 자신의 상태를 표시하는 말머리([회사], [외부], [미팅], [휴가])는 죽 유지되고 있다. 업무일지는 작성도 검토도 추가적인 일인 데다 별 이득도 없다 보니 사라졌고, 공유 캘린더와 말머리는 연락하기 전 상대의 상태를 확인하는 용도로 유용해 살아남았다.

우리는 시작할 때부터 이것이 실험이라는 것을 알았다. 미국에 가신 회사 의장님이 제안하셨고, 우리 부서장이 "우리 부서에서 해보겠습니다"라고 손을 들어서 시작하게 됐다. 팬데믹 같은 어쩔 수 없는 상황도 아니고, 해야만 하는 당위도 없었다. 벤치마크할 다른 기업도 없었고, 이러한 방식을 가리키는 용어도 명확하지 않았다. 일단 모바일 오피스, 줄여서 MO라 불렀다. 시간보다는 장소의 유연성이 크게 다가왔기 때문일 것이다. 하다가 안 되면 다시 돌아가면 된다고 생각했다. 안 됐을 경우 그 이유를 설명하기 위해 셋업setup 과정과 일지를 기록했는지도 모른다.

실험의 목표는 성공적인 제도 안착이 아니라, 제도를 실험했다는 사실 자체와 그 결과였다. 그래서 관찰이 중요했다. 우리가 이 제도를 셋업하는 과정을, 조직과 내가 이 제도에 적응해가는 과정을 관찰했다. 그렇게 시작한 모바일 오피스(플렉시블 워킹)가 8년째 유지되고 있다. 이제는 돌아갈 수 없을 것이다. 우리 스스로 이런 방식에 적응했기 때문이다. 물론 그 과정에서 그만둔 사람도 있다. 실패와 단점을 포함하여 그 과정을 이 책에서 공유하려고 한다.

이 책은 4장으로 구성되어 있다. 1장에는 플렉시블 워킹 8년의 히스토리를 담았다. 초기 셋업 단계의 회의록과 시작 초기의 일지를 공개하여, 어떤 것들을 정하고 시작했는지, 첫 한 달간 무엇이 불안하고 어려웠는지, 이를 어떻게 극복했는지를 보여준다. 플렉시블 워킹을 시작하려는 작은 단위의 조직과 사람들에게 도움이 될 것이다.

2장에는 플렉시블 워킹을 하는 실제 유형 13가지 사례를 담았다. 플렉시블 워킹의 가장 중요한 변수는 개인의 성향과 일을 바라보는 가치관이다. 성향상 불안도가 높은 사람, 타인과의 커뮤니케이션이 쉬운 사람과 그렇지 않은 사람, 다른 사람의 상황을 예민하게 감지하는 사람과 무관심한 사람의 플렉시블 워킹 방식은 다르다. 개인의 라이프 스테이지도 영향을 미친다. 혼자 사는 사람, 육아에 한창인 엄마, 아빠의 위치가 다르다. 공적 업무를 수행하는 데 사생활이 개입되면 안 될 것 같지만 '개인'의 중요도가 높아지면서 조직 사이클에 개인을 맞추라고 할 수 없게 되었다. 플렉시블 워킹은 중요해진 개인과 그에 못지않게 중요한 조직이 타협점을 찾은 결과다. 각 사례마다 인터뷰이의 성향과 일을 대하는 태도, 라이프 스테이지를 자세히 묘사했다. 읽으면서 본인에게 맞는 플렉시블 워킹 방식을 찾길 바란다. 때로는 나도 몰랐던 나의 특성을 발견할 수도 있다. 인터뷰이 역시 인터뷰를 하면서 자신의 성향을 새삼 깨닫기도 했다. 13인의 고민과 해결 방안을 조합해 본인만의 방법을 만들어보길 추천한다. 14번째 사례를 언제든 환영한다.

3~4장에서는 플렉시블 워킹을 둘러싼 가치와 도구들을 다룬다. 이에 대한 이론은 많지만 실제 해보면서 느낀 '우정'의 필요성을 말하는 책은 없다. 공유와 평가 도구들은 소개되어 있지만 '알람'을 활용하는 방법, 업무에서 비업무로 혹은 그 반대로 국면을 전환하기 위한 장치와 도구들에 대한 소개도 드물다. 여기서는 홈오피스가 가져올 집의 변화도 간략히 짚어본다.

앞에서도 강조했듯이, 이 책은 플렉시블 워킹을 조직하는 인사부서만이 아니라 플렉시블 워킹을 실천하는 개인을 위한 것이다. 경직된 조직문화 속에서 한평생 직장생활을 하고 은퇴 후 나만의 사업체를 꾸리는 사장님께도 권한다. 혼자 혹은 한두 명의 직원과 작은 사업체를 꾸리는데 플렉시블한 조

직문화에 대한 경험도 없고 직원과 생각 차이도 클 때 참고가
될 것이다.

플렉시블 워킹은 재택근무가 아니다. 플렉시블 워킹의 핵
심은 회사 외에 다른 곳에서 일하는 게 아니라 각 구성원들이
서로 다르게 일할 수 있다는 것이다. 이 책에서는 다른 곳에
서, 다른 시간대에, 다른 방식으로 일하는 구성원들의 모습을
보여준다. 제도가 아무리 훌륭해도 개인이 수행해야 하고, 수
행할 준비가 되었을 때 제도가 만들어질 수 있다. 업무 목표를
정하고 일하는 방식way of working은 신경 쓰지 않는 것이 플렉
시블 워킹이라고 하지만, 일하는 시간과 장소, 형식과 절차는
언제나 중요하다. 예의는 마음의 문제이며, 마음은 형식과 절
차에서 온다. 마음을 표현하기 위해 형식을 지키기도 하고 절
차를 따르면서 마음이 생겨나기도 한다. 일을 하기 위해 마음
을 가다듬어야 하고 그러기 위해 형식과 절차를 따라야 한다.
플렉시블 워킹은 형식과 절차를 스스로 만들어야 한다는 점
이 기존 공장식 업무 방식과 다를 뿐이다. 지금부터 먼저 해본
사람의 형식과 절차를 소개한다.

1장

플렉시블 워킹, 무엇부터 어떻게 왜?

어떻게 시작할 것인가

2016년 12월 20일, 모바일 오피스 시행 발표가 있었다. 다음은 당시 내가 부서원들과 공유한 이메일이다. 목표는 정해져 있고 방법은 열려 있었다.

> 모바일 오피스 시행에 임박하여 몇 자 적습니다.
>
> Background
> 모바일 오피스 시행은 미국에 계신 의장님의 전언으로 시작되었습니다.

'서로서로 똑같이 행동하면서, 매일매일 똑같이 행동하면서 어떻게 창의적이 될 수 있겠는가?'라는 의도라고 생각합니다.

For What

궁극의 목표는 모두 다 프로페셔널이 되는 것입니다.

여기서 프로페셔널은 결과로 이야기하는 사람이라 할 수 있겠습니다. 의장님이 예전부터 "본인의 파워를 키워라. 그러기 위해 안에만 있지 말고 밖으로 나가라"고 하셨다 합니다. 본인의 위치와 역량, 성향에 따라 밖으로 나가 사람을 만나는 것이 득이 되지 않을 수도 있고, 아무리 득이 된다 하더라도 안 맞을 수도 있습니다. 하지만 그 의도만은 이해할 수 있지요. 역량을 키우자. 내실을 더 다질 필요가 있는 때가 있고, 외연이 필요한 때가 있겠으나 역량을 키우는 데 업무 시간이 그대의 발목을 잡지는 않겠다는 의도로 이해됩니다.

How to

어떻게 시행해갈 것이냐는 각자의 몫이지만 가이드라인과 리뷰 시점을 정해서 의무적인 규정 또는 도움이 될 만한 조언들을 나누는 것은 필요할 것입니다.

1월 내 시작하여, 7월 새 사옥으로 옮길 때 정착하는 것을 시기적 목표로 삼고 있습니다. 정확한 날짜는 미정입니다. 누가, 언제, 어떤 방식으로 정할지도 현재는 미정입니다.

그 방법을 오늘 회식 때 논의합니다.

그 전에 방법과 관련하여 박두진 소장님 말씀을 공유합니다.

◦ **시행 단계**: 모바일 오피스 과정은 3단계 정도 있는 것 같다. 1단계: 정해진 자리 없음, 2단계: 플렉시블 타임, 3단계: 완전 재택.

◦ **장단점 논의**: 개인 차원이 아닌 팀(조직) 차원에서 우리가 이것을 했을 때 좋아지는 점과 안 좋아지는 점을 함께 이야기해보고, 단점은 극복하고 장점은 키우기 위해 어떻게 하면 좋을지 논의해보는 것도 도움이 될 것 같다.

◦ **플래닝 공유**: 가장 중요한 것은 계획planning과 자기관리self-management인데, 이것도 훈련이 필요하다. 훈련이 안 되어 있는 사람이 있을 수 있으니 처음에는 각자 달력을 만들어서 플래닝 노하우를 공유하는 것도 좋을 것 같다.

◦ **지속적인 리뷰**: 7월까지 모바일 오피스 개념과 방법을 정한다는 목표로, 가장 유연하고 프로페셔널한 체계를 만드는 실험을 6개월간 한다는 생각으로 정기적인 리뷰 시간을 가지면 좋을 것 같다.

◦ **동료 리뷰**: 개인 혹은 소규모 그룹 단위의 고립이 우려된다. 동료

간 리뷰를 업무의 하나로 플래닝에 포함시키고, 리뷰를 받는 사람과 해주는 사람 모두를 보상하는 것도 좋은 방법 같다.

조언을 해주신 박두진 소장님은 인사 컨설팅 회사 PBCG Psycology-based Consulting Group 대표로, 우리 부서 빅5 성격 검사와 이를 바탕으로 한 워크숍을 주관하신 적이 있어 우리 부서에 대한 이해가 높았다. 친분이 있다는 이유만으로 막무가내로 찾아가 모바일 오피스에 대해서 물었고, 그분의 조언이 시행의 뼈대가 되었다. 그분 말씀을 거의 그대로 시행했다고 할 수 있다. 모바일 오피스 시행을 3단계로 나누어 진행했고, 이 제도를 리뷰할 때는 개인이 잘하느냐 못하느냐를 따지기보다 조직 전체가 얻은 장단점을 논의했다.

무엇보다 중요한 조언은 플래닝을 공유하고 리뷰 시간을 가지라는 것이었다. 이는 한국식 업무 방식에서는 익숙하지 않은 형태다. 일은 대부분 급하게 시작되고, 빠르게 마무리된다. 하나의 일이 끝나면 다음 일이 급하게 시작되기에 이전 일을 찬찬히 리뷰하기 어렵다. 당시 이 조언을 듣고 추가적인 업무가 생기는 것이라며 내가 화를 냈던 기억이 난다(박두진 소장님이 내가 무릎을 세 번 치면서 말했다고 적절하게 지적해주셨다).

내가 탁상 달력에 일정을 기록해두면 팀원들이 보고 확인했는데, 디지털 캘린더에도 이를 적어야 한다니 두 번 일하는 것이라고 생각한 탓이다.

동료 리뷰도 마찬가지다. 칭찬할 일이 있거나 문제가 있을 때 바로 말하면 되는데 동료 리뷰라는 절차를 따로 거쳐야 하니 비효율적으로 업무가 추가된다고 생각했다. 박 소장님은 우리 부서처럼 고정된 업무가 아니라 프로젝트성으로 일하는 조직, 그래서 일상적인 관리를 중요하게 여기지 않는 조직, 서로를 잘 알고 있다고 생각하는 조직일수록 형식을 갖춰 리뷰 시간을 갖는 것이 중요하다고 말했다. 그 말을 토대로 지금까지 우리 부서는 1년에 두 번 퍼포먼스 토크를 진행하고 있다. 차를 마시거나 밥을 먹지 않고, 회의실에서 1시간 이내로 팀장과 팀원이 일대일로, 단기목표와 장기목표, 이를 위해 하려는 것과 멈추려는 것, 리더에게 하고 싶은 말 등을 간단히 적어 와서 이야기한다. 팀장은 팀원이 하는 말을 듣고 할 말이 있으면 한다. 반드시 조언을 하거나 곧바로 해결하지 않아도 된다. 칭찬이나 격려를 위한 자리가 아니고, 충고나 평가를 하는 기회도 아니다. 말 그대로 성장 점검의 시간이고, 팀원과 리더의 예측 가능한 주기적인 만남이다.

플렉시블 워킹은 '예측 가능성'의 줄다리기다. 구성원이 9시부터 6시까지 회사 사무실에 머물 것이라는 가능성은 0에 수렴하는 대신, 세부 업무 프로세스와 만남에 대한 계획은 더 촘촘하게 세워진다. 우리가 앞으로 어떤 일을 하게 될 거고, 그 일의 진행 프로세스는 어떠하며, 세부 단계의 마감은 언제로 하고, 이를 위한 만남은 언제 이루어지는지 계획이 서 있어야 한다. 이때 예측 가능성은 일방적이지 않다. 업무 배정자도 업무 수행자도 일의 진행 상황에 대해 가지는 정보는 동일하다. 예측 가능성은 자존감이 높은 젊은 세대가 선호하는 방식이기도 하고, 디지털 덕분에 가능해진 방식이기도 하다. 또한 서로가 서로를 존중하는 방식이다.

팀원들에게 이메일을 쓰고 팀장들끼리 회의를 하며, 모바일 오피스 시행을 위해 필요한 내용들을 점검했다.

1. 단계를 어떻게 나눌 것인가?(자유 자리 / 플렉시블 타임 / 완전 재택+스마트 워크플레이스)
2. 플래닝은 어떻게 할 것인가? 어떤 시스템을 활용할 것인가, 공개 범위와 주기는 어떻게 할 것인가?

3. 관리 체크 포인트는 무엇으로, 얼마나 자주, 어떻게 할 것인가?

4. 인턴 등 프로젝트 이외의 관리는 어떻게 할 것인가?

회의 결과 이 사항들은 모바일 오피스 운영위원회를 선정하여 시행하기로 했다. 운영위원회 선정 및 모바일 오피스 논의를 위해 2016년 12월 20일 강남의 한 중국집에서 전체 회식을 했다. 요리도 잔뜩 시키고, 술도 잔뜩 마시고, 약간의 큰소리도 오갔다. 누구를 위해, 무엇을 위해 모바일 오피스를 하는 것이냐, 그럼 내 자리는 사라지는 것이냐, 지각인지 플렉시블 근무인지 어떻게 아느냐 등의 막연한 걱정과 불안으로, 지금 생각하면 건설적이지 않은 대화가 오갔다. 그래도 그 와중에 모바일 오피스 운영위원회 위원을 선정한 것은 건설적인 일이었다. 모바일 오피스 운영위원회는 총 5명으로, 당시 팀장급 3명, 중간 연차 2명으로 구성했다. 위원장은 중간 연차에 해당하는 사람이 맡았다. 위아래 입장을 모두 이해하고, 의견을 두루 수렴할 수 있는 위치와 성정의 사람이었다.

그날 이후 그런 회식—저녁에 시작해서 밤늦게 끝나는, 문을 닫아걸고 술을 많이 마시는—은 거의 없다. 그 대신 모바일 오피스 운영위원회에서 정한 방식—매월 한 명씩 돌아가며 회식 및 전체 회의 공지하고 장소 예약하기—으로 회식이 이루어지고 있는데, 전체 회의 날 점심을 먹는 것으로 '모두의 모임'이라 부른다. 예를 들면 2023년 8월 회식 때는 회사 라이브러리에서 피자, 떡볶이, 김밥, 튀김 등을 배달시켜 먹었다. 그 사이 사회적으로 저녁 회식 문화가 사라지고 배달 문화가 발달했으며, 사옥을 이전해 회사 내에 다 같이 먹을 만한 장소도 생겼다. 모두의 모임은 10시부터 12시까지 이뤄지며, 30분 단위로 회의 안건이 정해져 있다. ○○프로젝트 리뷰, 신상품 개발팀 소개와 함께할 사람 모집 광고, 생활변화관측소(바이브컴퍼니 산하 트렌드 연구소로, 빅데이터 기반 트렌드 관측, 페어링지수 개발, 《트렌드 노트》 집필 등의 활동을 한다) 유튜브 현황 공유, 이전 퍼포먼스 토크에서 나온 공통 어젠다 공유, 생활변화관측소 주간관측소 아이템 논의 등이다.

　회식 이틀 뒤인 12월 22일에 운영위원회 회의가 진행되었다. 모바일 오피스 테스트를 위해 회사 밖 장소에서 회의를 해보자 하여 회사 근처 카페에서 회의를 했다. 당시 회의 내용은 다음과 같다.

회의 목적: 모바일 오피스 시행 운영을 위한 의사결정 사항

회의 참가: SJ(위원장), JY, MK, KH, 그리고 박현영

1. 회의 전 의견 수렴 내용

◦ 온라인으로 본인의 on/off 상태를 표시할 수 있는 공통 플랫폼이 있으면 좋겠음.

◦ 주 40시간을 기본으로 하자.

◦ 주 1회는 만나야 하지 않을까.

◦ 회사 자원을 쓰지 않으니 외부 지원이 있어야 하지 않을까.

◦ 소규모 형태의 팀이 필요하지 않을까.

◦ 다 같이 온라인에 접속해 있는 시간은 있어야 하지 않을까.

◦ 사무실 출근 시트: 언제 출근할지 공유 → 일정 공유 필요.

◦ 특정 일정은 미리 정해두어야 하지 않을까(예: 휴가, 교육, 미팅, 회식 등).

2. 단계적 시행

◦ 1월 첫째 주: 운영 방법 결정 및 공지 기간.

◦ 1월 둘째 주: 실행 과도기 주간.

◦ 1월 16일부터 본격 시행.

◦ 1월 넷째 주: 리뷰 회의.

3. 시행을 위해 필요한 시스템

3-1. 일정 공유 캘린더: 구글 캘린더 (담당: KH)

◦ 어떤 항목을 공용에 적고, 어떤 것을 개인 캘린더에 적을 것인가.

◦ 공유 범위는 어디까지 할 것인가.

◦ 캘린더 사용 기본 방법 알려주고 적는 규칙 알려주기.

3-2. 캐주얼 토크 창구: 네이버 밴드 (담당: JY)

◦ 네이버 밴드 만들고 지속적으로 관리하기.

◦ 공식 커뮤니케이션은 이메일, 문자, 전화로 하고, 여기는 비공식 자유게시판으로 활용하기.

◦ 출퇴근 인증, 캐주얼 토크, 자기관리 팁, 기타 비공식 노하우 공유.

3-3. 유닛과 팀 (담당: 박현영)

◦ 고립화 방지와 다양한 의견 수렴이 목표.

◦ 기본적으로 함께 일해야 하는 사람을 유닛으로 묶고, 유닛을 다시 팀으로 묶어 규칙적으로 만나자.

◦ 팀 멤버는 비주기적으로, 3개월 정도에 한 번씩 바꾸자.

3-4. 위클리 (담당: MK)

◦ 지금 업무일지 방식에서 조금 단순화하기.

- 데일리 기록이 아니라 주간 단위 기록.
- 구글 시트 만들기로.

4. 그 밖의 필요 사항

4-1. 오피스 데이

- 매주 화요일: 모두 사무실 나오는 날.
- 오전에는 유닛 모임, 점심은 팀끼리, 이른 오후에 전체 티타임, 추가 미팅 필요한 사람은 그 후에.

4-2. 인턴 관리

- 인턴 교육: 인턴 교육은 돌아가면서. 가능하면 튜토리얼을 만들어가자.
- 인턴 멘토: 단기 인턴 멘토와 장기 인턴 멘토 지정(가능하면 프로젝트를 같이 하는 사람으로).
- 인턴 원칙: 1개월 단기 인턴은 받지 않는다. 방학 인턴 아니고 장기 인턴의 경우, 정예가 될 수도 있다. 그러기 위해 인턴에 대한 정보 공유가 필요함.

4-3. 그 밖의 공통 업무 (업무 배분 담당: 박현영)

- 회식 담당은 돌아가면서 하고 회식 담당자에게 전권을 줌. 매주 네 번째 화요일이 회식.

- 프로젝트 리뷰 담당.

- 어떤 공통 업무 배정이 필요한지 리스트업 필요, 순번제.

5. 커뮤니케이션 방법과 원칙들

- 모바일 오피스 내용 전체 공지는 위원장.

- 공식 커뮤니케이션은 이메일로, 자유 톡은 밴드로.

- 주 40시간 워크 타임(40시간 공유에 대해서는 추후 결정하기로 함).

자기 관리를 어떻게 할 건지, 어디까지 공개할 건지 업무일지에서

소화하는 것이 어떤가.

주간 단위 투두리스트to do list와 일상 공유.

6. 경영지원부 확인 사항 (담당: MK)

- 전화 응대: 경영지원부에 원칙 전달.

- 모니터를 집에 가져가도 되는지.

- 제3의 장소 이용 시 비용 처리 가능한지.

모두들 공유, 고립, 관리의 문제를 우려했고, 공유는 시스템으로, 고립은 작은 단위 팀으로, 관리는 일상적인 보고로 대체하거나 만들어가자고 했다.

공유 시스템은 그때나 지금이나 구글 기반 도구들이 최적이다. 구글 캘린더, 구글 독스, 구글 드라이브가 지금까지 변함없이 쓰인다. 고립은 처음 생각했던 것과 다른 방식으로 해결되고 있다. 처음에는 고립을 방지하기 위해 구성원 3명씩 작은 단위 팀을 만들었다. 일상과 업무를 공유하는 유닛이 필요하다고 생각했기 때문이다. 이렇게 지정한 작은 단위 팀은 한 달도 못 가 유명무실해졌지만, 지금 우리 조직에서 돌아가는 유닛은 다양하다. 업무 중심이라 할 수 있는 프로젝트 팀, 생활변화관측소의 크고 작은 이벤트 팀, 학교나 기업에서 의뢰하는 교육 실행 팀, 《트렌드 노트》 저자 모임, 페어링 지수 개발 팀 등 조직도에 명시된 팀 이외에도 다양한 유닛이 만들어지고 해체됐다. 물론 중첩되기도 한다. 어쨌든 회사 유닛은 업무와 연결되어야 한다. 하고자 하는 일을 바탕으로 크고 작은 팀이 만들어질 때 실제 고립도 방지되고 업무도 돌아간다. 관리자는 조직이 중첩된 유닛으로 돌아간다는 것을 공지하고, 유닛 소속을 독려하고, 유닛 단위의 식사나 음료를 지원하고 격려하여 유닛의 생성과 참여를 유도할 수 있다.

관리를 위한 조치들은 자연스럽게 축소되거나 사라졌다. 예전부터 있었던 매주 월요일 아침 팀장 미팅과 팀별 미팅은 지금까지 계속되며, 이 미팅에서 업무 보고 혹은 공유가 이루어진다. 미팅이라는 행위 외에 업무 보고 파일은 사라졌고, 업무 회의록은 각자 자기 방식대로 적고 있다.

모 회사는 코로나 팬데믹 때 재택근무를 하면서 팀원들이 일 단위 업무 보고서를 작성하고 팀장이 이를 취합해 팀별 업무 보고 파일을 만들어 임원에게 보고했다고 한다. 파일 작성, 취합의 취합, 전달과 검토, 혹시나 있을 문제 예방을 위해 문제가 없는 사람들이 시간을 쓴 것이다. 팀장의 업무는 늘 퇴근 시간 이후에 끝났고, 임원의 업무는 팀장의 보고를 받은 후에 끝났다. 연락받지 않는 사람이 생길까 봐 얼마 만에 전화를 받아야 한다는 둥의 규칙을 만들어 모두가 연락에 대기하며 긴장 상태에 있게 하는 곳도 있다. 연락이 안 되는 것은 문제지만, 그러한 몇몇 사람 때문에 모두가 연락병처럼 폰만 바라보고 있는 것도 문제다.

문제는 자주 발생하지 않는다. 문제가 발생하면 그때마다 서로 이야기하면 된다. 그 사람의 생각이나 행동이 문제일 수도 있고 혹은 그 사람 자체가 문제일 수도 있다.

플렉시블 워킹으로 일하는 것은 정해진 과업을 제날짜에 수행하기만 하면 되는 프리랜서와는 다르다. 다시 말하면 나의 계획과 패턴은 필요에 따라 접힐 수 있다. 재택을 권리처럼 주장해서는 안 된다. 휴가가 아닌 이상 대면이 필요한 상황에서는 바로 나올 수 있어야 하고, 새벽 혹은 밤늦게 일하는 것은 자유지만 9~6시에는 커뮤니케이션이 가능해야 한다. 지방에 가게 되면 미리 말해야 한다. 회사에 소속되어 있기에 예기치 않은 업무나 상황이 발생할 수 있다. 그리고 이는 팀이 함께 수행해야 한다.

나 혼자 모든 일을 해결해야 한다고 생각하지 않는 태도도 배워야 한다. 혼자 끙끙대는 것이 해결책이 아니다. 적절히 공유하고, 고립을 방지하고, 스스로 관리하면서도 도움을 요청하는 기술을 터득해야 한다. 그런 기술이 없다고 판단되면 일단 회사로 출근하는 것도 답이다. 가장 고전적인 방법인 9~6시 근무를 하면서 기술을 터득해가는 것이다.

2017년 1월 2일에 위원회 회의를 열어 모바일 오피스 시행 운영을 위한 의사결정 사항을 팔로업follow up했다. 업무 공유를 위한 시스템을 실제로 만들거나 시행한 결과를 나누고(구글 캘린더 만들고, 멤버 초대하고, 쓰기 규칙 정하기 등), 회사와 조율이 필요한 부분을 확인하고(모니터 집에 가져가기 불가, 제3의

장소에서 업무 시 지원 불가, 공용 시설에 놓는 사물함 비치 불가 등),
모바일 오피스 베타 시작과 본격 시행 시점을 정했다. 전체 시
스템 평가를 위한 항목과 척도를 만들어보자는 의견도 나누
었다.

공식적인 회의는 이걸로 끝이었다. 첫 번째 회의 때 위원회
를 만들었고, 두 번째 회의 때는 시행 운영을 위한 의사결정
사항을 체크하고 담당자를 지정했으며, 세 번째 회의에서는
사안별 담당자의 팔로업을 공유했다. 다시 봐도 효율적이다.

공식적인 네이밍은 '스마트 워크'로 시작했지만 정착은 '모
바일 오피스'로 마무리되었다. 자기 자리가 없어지는 데 대한
불편과 아쉬움은 있었다. 달력, 슬리퍼, 컵 등의 필수 용품,
내 자리임을 인증하는 피규어, 당분간은 보아야 하는 종이 인
쇄물을 놓을 자리가 없어서 불편했고, '내 자리'라는 아늑함,
안도감, 책상 닦고 하루를 시작하는 리추얼이 사라진 아쉬움
도 컸다. 그래서 한동안은 각자의 비공식적인 자리를 정해두
었다. 그래도 퇴근할 때는 책상 위를 말끔히 치우고 가긴 했
다. 그러다 사옥을 이전한 뒤에는 회사 전체적으로 개인 자리
를 정하지 않았고 개인 사물함은 마련했다. 지정된 자리는 없
지만 각자 선호하는 자리가 있어서 대체로 그 사람이 머무는

곳을 예측할 수 있다. 나는 혼자서 할 일이 많을 때는 4층, 회의가 많을 때는 2층에 머문다. 우리 팀 누구라도 두세 군데만 둘러보면 나를 찾을 수 있다.

사람은 패턴대로 움직인다. 고정석이 아니라 해서 무질서하지는 않다. 고정석이 회사에서 정해준 자리라면, 자유석은 스스로 정한 자리다. 플렉시블 워킹도 이와 마찬가지다. 일하는 방식을 정하지 않는 것이 아니라 그 방식을 스스로 정하는 것이다.

고정석이 아니라 해서 무질서하지 않다.
고정석이 회사에서 정해준 자리라면,
자유석은 스스로 정한 자리다.
플렉시블 워킹도 이와 마찬가지다.
일하는 방식을 정하지 않는 것이 아니라
그 방식을 스스로 정하는 것이다.

시행착오를 거듭하며
나만의 방식을 찾는 과정

긴장감과 분주함의 첫 달

2017년 1월 9일 플렉시블 워킹이 시작되었다. 기다렸다는
듯이 회사에 나오지 않은 한 사람을 제외하고는 모두 출근했
다. 플렉시블 워킹에 대해 준비되지 않은 사람에게 갑자기 일
할 장소가 있을 리 없다. 회사에서 일하는 모습을 보이지 않으
면서 내가 일하고 있다는 것을 어떻게 증명할지도 몰랐다. 회
사에 늦게 나타났다가 일찍 나가면서 내 할 일은 하고 있으니
상관하지 말라는 당당한(?) 태도도 지니고 있지 않았다. 회사
에는 묘한 긴장감이 감돌았다. 당시 우리는 플렉시블 워킹을

혼자 일하는 것, 서로에게 말 걸지 않는 것이라고 생각한 듯하다. 바로 옆에 사람이 있음에도 메신저로 말을 걸었고, 얼굴 보고 말로 해도 될 피드백을 일일이 문서로 작성했다. 매일같이 일하던 장소와 시간이 플렉시블 워킹이라는 틀을 뒤집어 쓰자 정의 내릴 수 없는 장소와 시간으로 바뀌었다. 과장을 조금 섞어 비유하자면, 감옥에서 나온 사람이 어디로 가야 할지 모르는 것과 같았다. 1일 차 일지는 그러한 분위기를 그대로 담고 있다.

〔1일 차〕 2017-01-09

◦ 한 명 빼고 다 나옴.

◦ 나는 8시 회의가 없어져 10시에 출근.

◦ 하루 종일 구글 독스(부서원 주간업무 확인, 내 주간업무 업데이트), 구글 캘린더, 프로젝트 시트 켜놓고 지속적으로 업데이트하면서 안 쓰던 시간을 쓰게 되고 신경은 더 쓰임.

◦ 자율성이 주어진 대신 책임감이 높아진 느낌. 업무에 쫓기는 꿈을 꿈.

◦ OOO 프로젝트 보고서 검토 의견 쓰느라 2시간 소요.

◦ 9~6시라는 틀 안에서 별 신경 안 쓰고 업무를 했다면, 틀이 없어지

면서 업무를 언제 어떻게 할지 지속적으로 생각하느라 안정감이 사라진 느낌. 괜히 마음이 분주함.

- 시간의 정의가 바뀐 결과인 듯: 회사에 있는 시간 → 회사에서 업무하는 시간.

존재만 증명하던 시공간이 업무를 하는 시공간으로 바뀌어 다른 사람에게 말을 걸기도 어려워짐.

- 비익숙함인가, 틀 제거의 부작용인가? 지속적인 관찰 필요.

그날의 공기와 검토했던 보고서 내용이 지금도 생각난다. 대형 유통사의 신선식품 경쟁력을 카테고리별로 파악하는 보고서였다. 고기, 생선, 야채, 과일 등 카테고리에 대한 정의, 카테고리별 경쟁력을 정의하기 위한 데이터 그리고 데이터를 보여주는 방식은 통일될 필요가 있다. 담당자들이 데이터를 함께 돌려보며 공통된 틀을 만드는 것이 가장 효율적이다. 한 사람이 작성하고, 다른 사람이 검토하고, 다시 확인하고, 왔다 갔다 하는 것은 절대적으로 비효율적이다. 옆에 사람을 두고도, 원격으로 일할 때를 대비해야 한다는 생각에 의견을 글로 적고 있었다. 그 이후에는 그렇게 하지 않는다. 검토는 같이 얼굴 보고 하는 것이 확실히 좋기 때문이다. 에너지도 덜

들고 커뮤니케이션 오류도 적다.

플렉시블 워킹은 일하는 최적의 방식을 스스로 정하는 것이지만, 상대의 요구에 유연하게 대응해야 한다. 만약 선배와 같이 보고서를 쓰는데 선배가 한 공간에서 하자고 하면 그렇게 하는 것이 맞다. "오늘 저는 재택근무 방식을 택해서 나갈 수 없습니다"라고 말하는 사람과는 플렉시블 워킹을 지속할 수 없다. 8년 동안 그런 사람은 없었다. 플렉시블 워킹에서 내 생활의 유연함만큼이나 중요한 것은 상대와의 조율이다. 또한 조율이 어려운 조직원에게 문제를 제기하고 조치를 취할 수 있는 조직의 유연함도 필요하다.

회사에 나오는 구성원의 수가 반으로 줄어드는 데 10일이 걸렸다. 10은 참으로 묘한 숫자다. 큰 사건이 일어나고 관련 SNS 숫자가 0으로 수렴하는 데 걸리는 시간도 10일이다. 열흘이 지나도 관련 이야기가 0으로 수렴되지 않는다면, 그 사건은 이례적으로 큰 이슈라 보아도 무방하다.

플렉시블 워킹 시행도 마찬가지였다. 첫 번째 안정화는 열흘 뒤에 찾아왔다. 사무실에 나오는 것을 선택한 사람과 아닌 사람이 정해졌다. 나오지 않기로 한 사람은 집이든, 카페든,

독서실이든 자신의 업무 공간을 마련했다. 지금 생각해도 이상한 점은 자신의 업무 공간에 대해 자유롭게 토론하지 못했다는 것이다. 오히려 시간이 많이 지난 뒤 나름의 안정을 찾고 나서야 토론이 이뤄졌다. 처음 해보는 플렉시블 워킹이니 당연히 시행착오가 있고 어려움이 있었을 텐데, 어려움을 토로하거나 노하우를 공유하는 것이 지금보다 자유롭지 않았다. 적응하지 못하는 모습을 보여서는 안 된다거나 스스로 적응해야 한다고 생각했던 탓이다.

당시의 일지를 보면 나 역시 뭔가 더 잘해볼 수 있을 것 같은데 그렇지 않아 조급했으면서 누구와도 이에 대해 상의하지 않았다. 다른 사람이 어떻게 하는지 정보를 수집하지도 않았다. 플렉시블 워킹을 시작하는 조직이 경계해야 할 점이 바로 이것이다. '플렉시블 워킹 초기의 어려움은 내 몫'이라는 생각을 경계해야 한다. 각자 다르게 일하지만 우리는 한 팀이다. 그러니 팀원의 어려움은 함께 해결해야 한다. 신입사원이나 새로 온 구성원이 플렉시블 워킹 방식에 적응하지 못한다면 먼저 경험한 사람들이 조언해줘야 한다. 우선은 회사에 나오게 하고 선배들이 돌아가며 같이 일할 수도 있다. 좋은 방법이 있다면 적극적으로 공유하고, 좋은 길을 함께 찾아야 한다.

다른 사람의 방법이 모두에게 좋은 방식일 수는 없지만, 다른 사람의 방법을 참고하지 않는 것도 좋지 않다. 내 길을 찾기 위해서는 남의 길을 참고해야 한다.

첫날 느낀 긴장감과 분주함은 10일 차, 20일 차에도 여전했다. 안정적이지 않고, 뭔지 모르게 정신이 없었다.

내 일은 관측과 분석이다. (주로 소비의 관점에서) 사람들이 어떤 행동을 하는지, 무엇이 선택을 견인하는지, 무엇은 알면서도 안 하고, 무엇은 번거로움을 무릅쓰고 하는지 데이터를 통해 관측하고 분석하고 유추한다. 나는 '나'도 관측한다. 물을 사러 편의점에 들어가서는 내가 어떤 것을, 왜 선택하는지 보려고 아무것도 선택하지 못하고 서 있다가 '미쳤구나'라고 생각하며 무언가를 집어든다. 나오면서 또 분석한다. 이 브랜드를 선택한 것은 내 습관인가, 정보인가, 디스플레이 효과인가, 가격 때문인가 아니면 용량 때문인가? 패키지 디자인은 얼마나 영향을 미쳤지? 그리고는 또 '역시 미쳤어'라고 생각하면서도 결론을 내린다. '용량 때문이었어. 가장 작아서. 가방에 넣어도 병이 찌그러지지 않을 패키지를 선택한 거야.'

플렉시블 워킹이라는 실험의 관측 대상 역시 '나'였다. 나는 내가 어디서 어떻게 일하는지와 어떤 심리 상태인지를 관측했다. 플렉시블 워킹 초반에 나는 알 수 없게 불안했다. 어디서 어떻게 일할지 결정하는 것이 어렵지는 않았다. 예나 지금이나 나는 미팅이 많고 관여하고 있는 일이 많다. 연락할 일이 많고 회사 밖을 나갈 일도 많다. 플렉시블 워킹 이전부터 나는 유목민이었다. 그런 유목민이 베이스캠프를 잃은 느낌, 유목 집단의 일원이 아니라 방랑자가 된 기분이었다.

이 글을 쓰고 있는 지금, 나는 회사에 출근했다. 어제와 같은 시간, 같은 자리에 있다. 다른 팀원들은 거의 나오지 않았다. 베이스캠프를 잃은 유목민 같지도 않고 방랑자 같지도 않다. 나는 오전에는 회사에서, 오후에는 집에서, 내가 정한 퇴근 시간인 6시까지 근무할 것이다. 긴장하거나 분주하지 않게 천천히 할 일을 하면서 중간중간 이야기도 나누고 커피도 마시고 휴대폰도 들여다보고, 그렇게 한 주를 마감할 것이다. 비슷한 일을 비슷한 방식으로 하면서, 나의 심리 상태가 안정을 되찾을 수 있었던 이유는 무엇일까? 21일 차 일지가 분명하게 말해주고 있다.

| 〔21일 차〕 2017-01-31

플렉시블 워킹, 무엇부터 어떻게 왜?

◦ 나의 분주함과 긴장감은 결국 일을 안 하려고 한 데서 온 거였음이 밝혀짐.

◦ 일을 빨리 해치워버리려고 하니까, 마감에 쫓기는 사람처럼 정신 없음.

◦ 나의 1차 목표는 적어도 일주일에 하루만 회사를 안 나가는 것이라 했지만, 저 깊은 곳의 목표는 하루에 4시간만 일하기, 주 4일만 일하기, 더 나아가서는 일 안 하기였던 게 아닐까?

◦ 계속 머리를 굴리며 조금이라도 내 시간을 벌어보려는 태도, 그것이 분주함과 긴장감을 만들어낸다. 업무 상태로 on하고 있는 것이 자연스럽지 않고 지나치게 긴장되어 있다. 왜냐하면 도망가고 싶어 하니까.

◦ 그날까지 해야 하는 업무를 정하고(가능하면 정확하게 페이지까지) 그것을 최대한 느긋하게 수행하자. 지금은 마음이 너무 조급하다. 숙제 빨리 해치우고 나가서 축구하려는 아이처럼. 지금 밖에 친구들은 이미 모여 있는 상황처럼.

◦ 이것은 자율이 아니라, 또 다른 압박이다.

플렉시블 워킹을 시작한 초창기에는 내 시간이 매우 많아질 거라 기대했다. 일을 빨리한다면 나머지는 다 내 시간이라고 생각한 것이다. 일을 빨리 해치워버리려고 하니까 마감에 쫓기는 사람처럼 정신이 없었다. 계속 머리를 굴리며 조금이라도 내 시간을 벌어보려는 태도가 분주함과 긴장감을 만들어내고 있었던 것이다. 플렉시블 워킹 21일 만에 이를 깨달았다. 도망가고 싶었구나. 그래서 조급하고 정신이 없었구나.

화상회의를 할 때 딴짓하는 사람이 가장 피곤하다. 화상회의는 대면 미팅보다 피로도가 높은데, 이는 우리가 자연스럽게 알게 되는 상대의 반응을 촉각을 곤두세우고 탐색하려 하기 때문이라고 한다. 사람과 사람이 만났을 때는 의식하지 않아도 느껴지는 메시지가 있다. 상대의 눈빛, 몸짓, 전체적인 분위기와 공기가 모두 메시지가 된다. 하지만 화상회의에서는 의식적으로 메시지를 파악해야 한다. 그래서 더 피곤하다. 딴짓하는 사람의 경우에는 딴짓을 들키지 않으려는 노력, 들키지 않을까 하는 두려움, 무의식적인 상대방 탐색까지 피곤이 배가된다.

플렉시블 워킹 21일째의 나도 그랬다. 일을 하면서도 빨리 해치우고 도망가려고 계속 탐색전을 펼치고 있었다. 이런 생각도 했다. '출퇴근 시간을 보수적으로 잡아도 하루 2시간, 5일이면 10시간. 그 시간이 주어졌는데 뭘 해야 할까? 필요하지도 않은 자격증이라도 따야 하나?' 플렉시블 워킹이라고 하루가 25시간이 되는 것도 아니고, 이동을 덜 하는 것도 아닌데, 없던 시간 욕심이 생겼다. 욕심은 마음을 흔든다.

그 후 나는 업무가 아닌 시간 기준으로 일한다. 9~6시는 무슨 일이 있어도 근무시간이다. 일을 다 했더라도 6시까지는 근무시간인 것이다. 가능하면 근무시간 중에 업무를 마치려 하고, 근무시간에는 개인적인 일은 하지 않는다. 플렉시블 워킹 만랩이 된 지금, 나는 9~6시라는 틀 안에서 유연하게 움직인다. 필요하면 새벽같이 일을 시작하기도 하고(보통 월요일은 일찍 회의가 있고 차가 막혀 새벽에 출근한다), 4~5시에 퇴근하기도 한다. 휴가 중에 업무 관련 통화를 할 수도 있고, 비행기나 기차에서 업무를 보다가 창밖을 하염없이 바라볼 수도 있다. 이렇게 되기까지 1년이 걸렸다. 예나 지금이나 나는 시간 강박자고, 성격으로나 데이터 분석이라는 업의 특성으로나 날이 서 있는 사람이다. 이런 사람도 플렉시블 워킹에 적응하고 그 안에서 자유롭게 유영할 수 있다. 유 캔 두 잇!

적응과 안정의 5개월 차

5개월 차에 접어들자 모바일 오피스는 안정되어갔다. '스마트 오피스+모바일 오피스'를 줄여서 '스마일 오피스'라는 우스갯소리도 생겨났다. 몇 개의 패턴이 만들어졌다. 하루 정도만 재택근무를 하고 매일 회사에 나와 9~6시를 지켜 일하는 몇몇, 주 2~3일 정도 출근하는 다수, 주 2~3일을 나오더라도 꼭 필요한 미팅만 하고 가는 몇, 그리고 패턴을 종잡을 수 없는 내가 있었다.

모바일 오피스는 안정화의 길로 접어들었지만 불안감이 없지는 않았다. 일에 집중하지 못하고 일을 처리해버리려는 느낌이 들 때의 불안감, 나보다도 이런 생각을 할 다른 사람에 대한 불안감, 나는 괜찮지만 다른 사람들이 제대로 일을 안 할 것 같은 불안감이 들기도 했다. 나는 괜찮은데 남은 아닐 것 같다는 불안감은 무엇인가? 인간이란 과연 이기적이고, 자신에게만 너그러운 것인가? 5개월 차 일지에는 이렇게 썼다. "남은 신경 쓰지 마. 너나 잘하세요." 신뢰라고 부를 수도 있고 자율이라고 부를 수도 있고 결과로 평가한다고 말할 수도 있다.

모바일 오피스를 8년 넘게 시행하는 동안 감시 시스템은 발달하지 않았다. 반면 각자의 업무 방식은 발달했다. 모바일 오피스가 성공하려면 스스로 모바일 오피스에 적응할 수 있는 방법을 터득해야 한다. 그러지 못한 사람은 그 조직에 머물 수 없다(실제로 몇몇은 그만두었다). 이 책을 쓰면서 구성원들에게 "모바일 오피스, 당신만의 방법을 알려줄 수 있나요?"라고 물었을 때, 노하우가 없다고 답한 사람은 없었다. 저마다 시간에 대한 원칙, 공간에 대한 원칙, 업무 방식에 대한 원칙을 갖고 있었다(모바일 오피스 실천 꿀팁과 노하우는 2장에서 다룬다).

5개월 차부터 우리는 직감했다. '되돌아갈 수는 없을 것 같다.' 자율은 커지는 방향으로 진화한다. 반대는 불가능하다. 물론 100% 모바일 오피스 조직에서 100% 오피스 근무를 하는 직장으로 옮겨간 사람은 있다. 이직을 통해 다른 방식에 적응하는 경우는 있지만, 우리 조직이 오피스 근무제로 돌아가기는 어려울 것이다. 우선 자리가 없다. 인프라가 준비되어 있지 않고 사람들의 기대감이 고정석과 고정 시간에 머물지 않는다. 나 역시 필요에 따라 아침 8시에 출근하고 일주일 내내 야근할 수도 있지만, 사무실 출근이 의무인 직장에 다닐 수는 없을 것 같다. 2002년 직장생활을 시작했을 때만 해도 토요일 오전 근무는 당연시되었다. 하지만 20년이 지난 지금 토요일 오전 근무는 생각만으로도 뒷걸음쳐진다. 마찬가지로 10년 넘게 해온 9~6시 오피스 근무 방식으로는 이제 돌아가기 어려울 것 같다.

패턴을 만들려 했던 11개월 차

모바일 오피스를 시행한 뒤, 시간이 지날수록 직원들은 점점 더 회사에 나오지 않는 방향으로 바뀌어갔다. 사옥 이전과 오피스 근무 방식을 경험하지 않은 신입사원의 등장이 한몫했고, 이후 코로나19가 종지부를 찍었다.

모바일 오피스 11개월 차에 회사가 이전했다. 사옥은 절대적으로 자리가 부족하고, 절대적으로 심란했다(1층 인테리어 공사 소리가 종일 끊이지 않았다). 이때부터 '자기 자리' 개념이 완벽하게 사라졌고, 회사는 회의 공간이 되었다. 회의 때만 회사에 오는 이들이 늘었다.

나는 패턴을 찾고 싶었다. 컴퓨터 파일들과 메일함이 완벽하게 정리돼 있고, 내 자리라고 할 것은 없어도 회사에 가면 어떤 자리에 어떤 식으로 판을 깔지 예상할 수 있기를 원했다. 몇 군데 외부 장소도 일하기 편한 곳으로 정해두고 싶었다. 다음의 업무일지는 이러한 패턴 찾기를 목적으로, 내 자신을 주 단위로 관찰하며 쓴 것이다.

출근		퇴근	총평
07:50	주간회의 → B사 제안서 제출 → 서류 처리 → 점심(단비) → 광화문 교보, 책 검토 3시간	05:00 광화문에서	알찬 오전, 여유 있는 오후
10:00	주간회의 → P사 계약서, S사 전화 → 회식 → 집에 가서 4~5시까지 계약서 보내고 업무 처리	05:00 집에서	회식과 회의로 보낸 날
09:30	서류 처리 → 회의실 자리 잡고 → C사 미팅 → 점심(단비) → 이메일 답변 등 → 1층 빵집에서 업무 처리	06:00 회사에서	특별한 일 없이 분주하게 회사에서 보낸 날
11:00	가는 데만 2시간 30분 S사로 출근 → S사 미팅 → 1시간 30분 이동 → 명동에서 점심 → 공차에서 2시간 일 → M사로 이동 → M사 미팅 → 집으로 이동 → 제안서 작성(9~12시 30분)	AM 12:30 집에서	이동에 시간을 너무 많이 쓰고, 집에서 야근한 날
09:30	게더에서 M기관 보고서 검토 → 11시 미팅 → 점심 → 제안서 수정 → 보고서 검토	05:00 회사에서	비교적 여유 있게 적당한 업무를 하며 회사에서 보낸 날

패턴은 '출퇴근 시간×업무 장소×바쁨/여유'로 구성된다.
안 바쁜데 아픈 주도 있고, 안 바쁜데 회사에 나간 주도 있고,

회사에 무조건 나가기로 결심한 주도 있다. 바쁜 주에는 일지가 거의 없는 것으로 보아, 일지를 못 쓴 것 같다. 그래서 패턴은 찾았나? 그렇지는 않다. 업무가 유동적이어서 시간표나 패턴을 만들 수 없었다.

그 대신 나는 리추얼을 만들었다. 일찍 하루를 시작하는 방식을 택한 것이다. 일찍 출근하여 출근길에 있는 카페에서 30분이나 1시간쯤 머물면서 간단히 일하고 커피를 마시며 시작하면 좋은 하루다. 회사에서 일하기 좋은 자리를 찾는 실험도 끝났다. 나를 찾으려면 4층 문 앞이나 2층 문 앞 자리를 보면 된다. 보통은 막내가 앉는 문간 자리다. 전화가 오거나 미팅이 있을 때 빨리 나가기 위해 이 자리를 택했다. 바뀔 수 있겠지만 당분간은 어디에 앉을지 고민하지 않을 것이다.

나의 일지는 드문드문 이어지다가 2019년 10월 8일을 마지막으로 끝이 났다. 쓸 필요성을 못 느껴서 접었다.

나는 왜 패턴을 만들고 싶었을까? 가장 효율적인 답을 찾을 수 있다고 생각했기 때문일 것이다. 지금 하고 있는 방법보다 더 나은 방법, 지금 방법이 최선은 아닐 거라는 생각. 이는 효율의 덫이다. 아는 길을 걸어가면서도 지도앱을 켜고 더 나은 방법을 찾으며 목적지로 향한다. 경쟁해서 상을 타는 것도 아니고 누가 뭐라고 하는 것도 아니고 기껏해야 몇 분밖에 차이가 나지 않는데도 말이다.

패턴을 찾는 것은 불가능할지라도, 본인을 관찰하고 일지를 쓰는 것은 도움이 된다. 다만 그 목표는 더 빨리 더 효율적으로 일하는 방법을 찾는 것이 아니라, 마음 편하게 즐기면서 지속적으로 일할 방법을 찾기 위함이 되어야 한다.

모바일 오피스 초창기와 달리 지금은 일지를 쓰지도 않고 패턴을 원하지도 않는다. 플렉시블 워킹의 목표는 일하는 방식에 대해 신경 쓰지 않는 것이라고 한다. 그 말에 전적으로 동의한다. 지금 나는 어디에서 어떤 방식으로 일할지 고민하지 않는다. 다시 말하면 모바일 오피스 시행 후 1년 가까이 나만의 일하는 방식에 대해 고민한 셈이다. 그리고 그 세팅 방식을 찾은 이후에는 더 이상 고민하지 않는다.

실제로 시행해보면 제도보다 중요한 것이 본인의 업무 방식을 만드는 것임을 알게 된다. 그 업무 방식을 만드는 데는 시간이 걸린다. 그렇다고 그 시간 동안 업무가 엉망진창이 되는 것은 아니다. 일은 굴러간다. 일이 굴러가지 않는다면 적응과 부적응의 문제를 떠나 일을 그만두어야 한다.

"나의 분주함과 긴장감은 결국
일을 안 하려고 한 데서 온 거였음이 밝혀짐.
계속 머리를 굴리며 조금이라도
내 시간을 벌어보려는 태도,
그것이 분주함과 긴장감을 만들어낸다.
이것은 자율이 아니라 또 다른 압박이다."

면 조직에서 점 조직으로

플렉시블 워킹은 이제 기본 상수가 되었다. 제주도에서 한 달살이를 하는 직원, 싱가포르에 살면서 일하는 직원 같은 극단적인 사례도 생겨났다. 무엇보다 코로나19라는 최대 변수가 등장하면서 플렉시블 워킹 도구(화상회의 툴, 단체 메시지 툴)도 상용화되었다.

플렉시블 워킹을 시행한 지 1년 즈음 되었을 때, 우리는 무엇이 바뀌었는지 돌아보는 자리를 가졌다. 그때 나왔던 공통된 의견을 정리하면 다음과 같다.

정보 공유

공식적인 정보 공유가 더 잦아졌다. 권한 이양도 많이 이루어졌다. '오며 가며 알게 되겠지'라고 가정할 수 없으니 정보 전달을 위한 자리가 더 많이 마련되고 정보를 더 많이 알려주게 된다. [공지]라는 이름의 커뮤니케이션도 더 자주 이루어진다. 인턴 면접도 필요한 사람이 직접 보고, 인턴 관련 이야기도 더 많이 하게 된다.

일대일 커뮤니케이션

일대일 커뮤니케이션이 늘었다. '관련자 다 모여'와 같은 자리가 없으니 꼭 필요한 사람과 일대일로 커뮤니케이션할 일이 많아진다. 사내 다른 부서와도 직접 커뮤니케이션하게 된다. 예전에는 팀장이 커뮤니케이션한 내용을 전달받거나 팀장 옆에 앉아 커뮤니케이션 과정을 지켜보았는데, 커뮤니케이션 단계가 줄고 대상자도 덜 거치는 식으로 변했다.

업무 명시화

일임에도 일이 아닌 듯 스리슬쩍 주어지던 일이 '일'로 명시되었다. 행사 준비를 한다고 하면, 같은 자리에서 다 같이 준비하는 것이 아니라 각자 맡은 일을 정하는 식이다. 학교에서 "오늘 1분단이 청소야"라고 하면 몇몇만 쓸고 닦고 많은 이가 빈둥대기 마련이지만, 쓸기 담당, 닦기 담당, 쓰레기 담당 등으로 역할을 분명히 하면 노는 이 없이 모두가 청소를 하게 되듯이 말이다. 일이 더 늘어난 것 같아 불만도 늘 것 같지만, 오히려 정반대다. 업무를 명확히 하면 공정성이 증가한다. 단, 서로서로 돕는다는 전제가 있어야 한다. 시간이 남으면 바로 손을 들어야 하고, 반대로 힘들면 바로 도움을 청해야 한다. 그러기 위해 그만큼 친해져야 한다(우정에 관해서는 3장에서 자세히 다룬다).

업무 중심에서 사람 중심으로

업무에 사람을 매핑mapping하는 것이 아니라, 사람을 놓고 업무를 할당하게 되었다. 그 반대가 될 것 같지만 특이하게도 그렇지 않다. 모두가 같은 자리에 앉아서 일을 하고 있을 때는 사람을 잠깐 불러서 요만큼의 일을 할당할 수 있다. 7가지 일이 모두의 일이 되어도 상관없다. 하지만 플렉시블 워킹에서는 업무를 사람 수만큼 나누어야 한다. 비유하자면 케이크 하나를 한자리에서 다 같이 나눠 먹을 때와 각자 다른 시간에 먹을 때의 차이다. 한자리에서 나누어 먹는다면 케이크를 쪼갤 필요가 없다. 다 같이 포크를 들고 한 입 두 입 먹으면 된다. 대강 비슷한 만큼 먹게 되겠지만 누가 얼마만큼 먹었는지 정확히 알기는 어렵다. 반면 각자 다른 시간에 다른 장소에서 먹는다면, 공평하게 케이크를 사람 수대로 등분하여 각각의 그릇에 담아야 한다.

할 일이 프로젝트 5개, 행사 1개, 신규 서비스 오픈 1개이고, 사람이 4명 있다고 치자. 하나, 두리, 석삼, 너구리라는 사람을 먼저 두고 각자 지금 무슨 일을 하고 있는지를 가늠한 뒤, 가장 빨리 끝내는 사람에게 신규 프로젝트를 매핑한다. '하나'씨부터 '너구리'씨까지 업무가 고르게 배분되도록 하는 것이다.

	하나	두리	석삼	너구리
1월	프로젝트 1	프로젝트 2	프로젝트 1	프로젝트 3
2월	프로젝트 1 행사 마케팅 담당	프로젝트 5 행사 기획 담당	프로젝트 4 신규 서비스 오픈 준비	프로젝트 4 신규 서비스 오픈 준비
3월	…	…	…	…

공평한 업무 배분과 더불어 고려할 사항은 커뮤니케이션 효율성과 시너지 사이의 균형이다. 효율성만 따지자면 프로젝트를 혼자 하는 것이 가장 좋다. 본인 머릿속 이야기를 꺼내는 데 시간과 노력이 들고 그 이야기의 합을 맞추는 데는 더 많은 시간과 노력이 들기 때문이다. 하지만 과정의 효율성과 결과물의 퀄리티는 다른 문제다. 혼자 하다 보면 편협한 생각을 할 수도 있고, 협업을 통한 성장의 기회도 잃게 된다. 이런 점을 고려하여 하나의 프로젝트에 2명 이상 배정하거나, 담당자는 1명으로 하되 상의할 수 있는 장치를 마련해야 한다(같이 상의할 수 있는 장치에 대해서는 '4장 자발적 제도: 도와줘 쿠폰, 워크 위드 미, 자발적 워크숍' 편 참고).

플렉시블 워킹은 조직을 면 조직에서 점 조직으로 변화시켰다. 10명으로 이루어져 있는 어떤 팀이 있다고 하자. 그들이 10개의 자리를 점하고 있다면 10자리가 그저 한 묶음으로 인지된다. 10명의 팀원이 앉는 자리는 그 팀의 물리적 면이다. 그 팀이 같이 점심 먹으러 가는 모습을 본다면 '○○팀이 식사하러 가는구나'라고 인지하는 식이다. 플렉시블 워킹으로 조직의 물리적인 면이 사라졌을 때, 팀 구성원은 점과 점이 이어진 네트워킹 조직이 됐다. 조직이라는 면에 속해 있을 때는 보이지 않던 선들이 드러난 것이다. 개개인은 선으로 연결되었고, 선들은 촘촘히 연결돼 구멍을 메웠다.

점 조직에서 리더의 역할은 모든 구성원과의 끈을 놓지 않는 것, 어떤 선이 너무 약하지 않은지 혹은 너무 강하지 않은지 살피는 것이다. 과한 선, 약한 선, 새로운 선에는 이런 예가 있다.

〔선이 너무 강해서 문제가 되었던 A-B〕 A와 B는 조직의 수면 아래 서로만의 강력한 끈을 갖고 있었다. B가 A의 업무를 도와주고, 급기야는 A의 업무를 대신했다. A와 B 사이에 어떤 거래가 이루어졌는지는 알 수 없지만, A와 B는 공식적인 업무 할당이 아니라 둘만의 공조를 이루었다. 시간이 지나면서 B는 과로하게 되고 A는 업무에서 발전하지 못했다. A, B 모두에게 좋은 일이 아니었다. 그리고 더 중요한 사실은 둘의 공조 관계가 조직 분위기에 영향을 미쳤다는 것이다. 둘에 대한 소문이 돌았고, 두 사람이 너무 가까워서 다른 사람이 소외감을 느끼거나 거리감을 느꼈다. 조직 분위기는 한두 사람에 의해서도 흔들릴 수 있다. 서로 앙숙인 관계도 문제지만, 조직 내에 강력한 세를 만드는 것도 경계할 일이다.

[고립이 문제가 되었던 C] 플렉시블 워킹은 구성원 간의 만남에 '이유'를 필요로 한다. 업무를 위해서, 조언을 위해서, 외로움을 달래기 위해서, 근황이 궁금해서 등 '이유'가 있어야 한다. 조직이라는 면이 사라졌을 때 C의 고립이 드러났다. C는 누구와도 연결된 선이 없었다. 업무도 협업보다는 독립적으로 진행했고, 친근함을 나누는 친구도 없었고, 라이프 스테이지나 취향으로나 공통 관심사를 나눌 사람도 없었다. C에게 큰일이 생겼을 때 아무도 알지 못했고, 시간이 지나고서야 이러한 사정을 인지하게 되었다. C는 조직원이 아니라 프리랜서처럼 있었던 것이다.

개인 입장에서 가장 무서운 것은 고립이다. 상의할 사람이 아무도 없고 내 상태를 아는 사람도 없다는 것은 조직생활의 기본기가 장착되어 있지 않은 것과 같다. 연결고리가 많지 않다면 고립되지 않기 위해 애써 노력해야 한다. 일부러 약속을 잡아 점심을 먹거나, 같이 하는 일에 자발적으로 참여하거나, 다른 사람을 돕겠다고 적극적으로 나서야 한다. 이는 자기 편을 만드는 것과는 조금 다르다. 점 조직에서 나라는 점이 연결되어 있는 끈을 만들어야 한다는 뜻이다. 신입사원보다는 경력직 입사자에게 더 어려운 과제일 수도 있다. 당장 연결할 만한 사람을 못 찾겠다면 상사에게 보고 겸 공유 겸해서 자기 상황을 지속적으로 알리는 것도 좋은 방법이다.

〔새로 들어온 D가 만들어내는 새로운 선〕 D는 조용한 성격이다. 적어도 처음에는 그랬다. D는 조직에 적응하지 못하는 것처럼 보였다. 나이 어린 직원들이 무언가를 가르쳐주기에는 어딘지 불편했고, 믿고 따르기에는 연차가 낮았다. 동기라 할 만한 동년배도 없었다. D는 천천히 선을 만들어갔다. 첫 번째 선은 이전 직장 선배, 두 번째는 영화, 드라마, 콘텐츠를 좋아하는 사람. 그다음은 본인처럼 운동을 막 시작한 사람들과 유대감을 갖고, 프로젝트를 같이한 사람들과 친근함을 쌓고, 회사 내 협의체에 들어가서 부서 밖 사람들과도 연결고리를 만들었다. D의 선은 친근하고 단단하고 공개적이다. D는 어느새 허브가 되었다. 기존 멤버와 새로운 구성원을 잇는 허브, 시니어 그룹과 주니어 그룹의 중간 다리, 부서 안팎의 연결고리가 되었다.

중간자는 애매함과 긴요함 사이에서 어느 쪽으로든 갈 수 있는 위치다. 조직의 중간자적 위치에 있는 사람들이 스스로 임원과 밀레니얼 사원 사이에 '낀 세대'라 표현하는 경우가 있는데, 낀 세대의 애매함을 새로운 선을 긋는 긴요함으로 승화하면 좋겠다.

플렉시블 워킹은 혼자 일하는 것이 아니다. 모든 일이 그러하겠지만 회사 일은 소통하면서 배우고 문제를 해결해가야 한다. 플렉시블 워킹에서 동료를 만나는 일은 매우 중요하다. 만남은 의식적으로 확실한 이유를 갖고 이루어진다. 그래서 더 의미 있고 깊어진다. 매일 보지만 대화하지 않는 가족보다, 가끔 만나지만 깊은 대화를 나누는 가족이 더 끈끈하지 않은가. 다 같이 출근해서 매일 얼굴 보고 매일 같이 밥을 먹지만 영혼 없이 앉아 있는 것보다, 점심을 같이 먹거나 특정 업무를 논의하기 위해 약속하고 볼 때, 그 만남은 의미가 있다.

인간의 지능은 사회적이다. 플렉시블 워킹 아니라 그 어떤 방식으로 일한다 하더라도 사회적으로 어울려야 한다. 만나고 싶은 사람, 같이 밥 먹고 업무를 논의하고 싶은 사람, 조언을 구하고 싶은 사람이 되는 것은 각자의 노력에 달렸다. 이는 제도가 만들어줄 수 없는 부분이다. 플렉시블 워킹을 시행하면서 나 역시 동료의 중요성을 더욱 절실히 느꼈다. 누구에게나 좋은 동료가 필요하고, 누구나 좋은 동료가 되어야 한다.

신입사원은 누구에게 배워야 할까

플렉시블 워킹을 시행할 무렵 신입사원이었던 사람도 있고, 시행 직후에 들어온 사람도 있고, 플렉시블 워킹 아닌 방식을 상상할 수 없는 때에 입사한 사람도 있다. 2017년 신세계 그룹이 '9시 출근, 5시 퇴근'을 선언했을 때 기존 구성원과 신입사원은 다르게 반응했다. 나는 신세계 그룹 계열사와 일하고 있어서 당시 그곳에서 미팅을 많이 했는데, 오후 5시 10분 전에 방송이 나오고 5시가 되면 불이 꺼지고 엘리베이터도 멈췄다. 미팅을 하다가도 서둘러 나가야 했다. 20년 이상 근무한 상무님은 '강제 퇴근'이라는 표현을 썼고(긍정적인 뉘앙

스는 전혀 없었다), 중간 관리자는 조심스럽게 웃음을 지었으며, 신입사원은 당연하다는 반응을 보였다. '나는 5시 퇴근으로 알고 입사했다. 5시 퇴근은 좋을 것도 나쁠 것도 없는 지극히 당연한 것이다.'

플렉시블 워킹 조직에 들어온 신입사원의 첫 반응은 당연함이 아니라 당황스러움이다. 하루나 이틀은 누군가 가이드를 해주지만 그러고 나면 어디에 앉아야 할지, 누구에게 말을 걸어야 할지, 누구에게 질문을 해야 할지, 나에게 주어진 일을 어디까지 하고 다 했다고 말해야 할지 알기 어렵다. 아주 어렵지 않은 업무를 그럭저럭하면서 덩그러니 앉아 있다가 퇴근 시간이 되면 쭈뼛쭈뼛 일어서게 된다.

초심자에게 "언제까지 이거 이렇게 하고, 우리는 언제 만나서 점검해요"와 같은 가이드와 모니터링은 필수다. 출퇴근 시간, 점심시간, 업무 중간의 점검 시간이 정해져 있고, 이것이 매일 유지되면 좋다. 이는 초심자의 예측 가능성을 높여준다.

우리 조직은 플렉시블 워킹을 시행하며 업무 중심으로 신입사원을 돌보는 역할자를 지정했다. 하지만 정해진 룰이 없었기에 사람마다 다르게 행동했다. 어떤 사람은 회사에 나와 신입 옆에 앉아 있는가 하면, 어떤 사람은 원격으로 최소한의 커뮤니케이션만 했다. 이 또한 플렉시블 워킹, 즉 스스로 자유롭게 일하는 방식이기에 강제할 수 없는 부분이다. 신입사원이 초기에 갖는 어색함과 당황스러움을 달래주고 메워주는 이는 대개 그런 과정을 막 거친 사람이다. 자발적 우정이 발동하는 것이다. 자신도 초기에 당황했던, 얼마 전까지 신입사원이었던 이는 새로 들어온 직원에게 말동무, 밥동무, 곁동무가 되어준다.

선배들의 도움과는 별개로 신입사원 스스로도 플렉시블 워킹 조직에 잘 적응하기 위해 노력해야 한다. 현재 우리 조직에 가장 나중에 들어온 구성원(이제는 신입사원 태가 거의 안 난다)은 어떻게 적응했을까? 그 노하우를 들어보자.

〔유대감〕"초반에 한 달 정도는 회사에 나왔다. 신입일 때 다른 분들에게 메신저로 말을 걸기가 어려웠다. 한두 달 스몰 토크를 하고 회사 분들을 많이 만났다. 유대감을 잘 쌓는 방법이 필요하다."

〔스케줄러〕"시간이 나오는 스케줄러를 쓰기 시작했다. 내가 시간을 어떻게 쓰는지 눈으로 확인해야 한다. 나와의 채팅(카카오톡 기능), 구글 드라이브 등을 이용해 이동 시에도 일을 할

수 있게 되었다. 짧은 콘텐츠는 지하철에서 쓰기 좋다."

(선배) "○○님(직전 신입사원)이 같이 밥도 먹고 회사생활의 고충도 많이 들어주었다. 아주 간단한 것, 예를 들면 엑셀 단축키도 물어보았다."

(질문) "이제는 '이거 어떻게 하죠?'를 잘 물어보게 되었다. 지금 물어보지 않으면 1년 뒤에도 모를 것이다. 신입일 때 물어봐야 한다. '방금 그거 어떤 단축키예요? 이런 거 뽑고 싶은데 어떻게 해야 해요?' 하고 늘 질문한다. 나중에 신입이 들어와 내게 물었는데 답을 못 해주면 창피할 것 같다. 그래서 지금 많이 물어보고 배운다. 물어봐도 된다는 신뢰가 쌓인 덕분이다. 내가 이런 질문을 해도 상대방이 이상하게 생각하지 않는다는 것을 경험으로 알게 되었고, 주변 분들이 직접 말씀도 해주셨다. 나도 신입이 들어오면 질문을 다 받아주리라 마음먹고 있다."

코로나가 한창이어서 회사 출근이 금지되었을 때 들어온 신입사원도 있고, 선배라고 부를 만한 사람이 없는 경력직도 있다. 어떤 경우든 중요한 것은 어떤 질문도 받아주겠다는 구성원들의 태도다. 바로 옆에 있으면 간단하게 물을 수 있는 것도 메신저로 물어보려면 말을 골라야 하고, 적절한 타이밍인지 한 번 더 계산하게 된다. 그래서 서로 주고받을 일이 많을 때는 회사에 나와서 함께 진행하는 것이 좋다. 그렇지 않을 경우에는 어떤 질문도 다 받아주겠다고 분명히 말해야 한다. "결제라인 같은 사소한 것도 질문해도 됩니다"라고 말해주는 사람이 있다면 의지가 된다. 이는 경력직으로 들어온 사람에게도 해당되는 사항이다. "이전 회사에서는 질문을 싫어했다. '이런 것까지 질문하나?'라는 식이었다. 어느 회사나 질문을 반갑게 받아주지 않는다는 것을 알기에 어떤 질문도 괜찮다는 말이 더없이 고맙게 여겨졌다. 적극적으로 도와주려고 하는 다양한 구성원들의 모습이 장점으로 다가왔다. 이런 분위기만 유지된다면 신입사원도 충분히 적응할 수 있다."

그래도 신입사원은 여전히 목마른 점이 있다. 우선 기존 직원들과 차이를 느낀다. 다른 사람은 어떻게 이렇게 일을 빨리하는지 궁금하고, '내가 아직 못하는군' 하는 마음에 조급해지기도 한다. 개인의 성과를 합쳐서 팀의 결과를 만들어내는 방식이다 보니 업무 결과의 양적 차이가 확연히 드러난다. 질적인 부분은 차치하고 양적으로 다른 사람과 속도차를 분명히 느끼게 되지만, 조급해하지 않아야 한다. 차차 익숙해지면 일에 속도가 붙을 것이다. 만약 시간이 지나도 그 갭이 메워지지 않는다면 업무 적성에 대해 고려해보는 편이 좋다.

또 '여기에 익숙해지면 다른 데는 갈 수 없을 텐데' 하는 위기감이 들기도 한다. 이미 길들여진 느낌이라고 해야 할까? 플렉시블 워킹에 길들여진 업무 방식을 9~6시 고정 업무 방식으로 바꿀 수 있을까? 걱정하지 말자. 바꾼 사람도 여럿 있다. 인간은 적응의 동물이다. 기업의 네임 밸류, 높은 연봉, 적성에 맞는 업무를 찾아서 조직을 떠난 사람들이 있고, 고정된 업무 방식의 장점도 느끼고 있다고 한다. 플렉시블 워킹은 하나의 업무 방식일 뿐이다.

플렉시블 워킹이 어려운 상황과 성향

플렉시블 워킹의 최대 단점은 '밥'이다. 식사는 규칙적으로 하는 것이 가장 좋다. 정해진 시간에 반드시 먹어야 하는, 남이 차려주고 치워주는 학교 급식, 회사 구내식당, 회사 팀원들과의 점심 식사는 당연해 보이지만 소중한 루틴이다. 코로나로 학교도 회사도 가지 않게 되었을 때 많은 이가 호소한 어려움도 단연 식사였다. 플렉시블 워킹으로 팀원과의 당연한 점심 식사가 사라졌을 때, 알차게 밥을 챙겨 먹는 것은 과제가 되었다. 플렉시블 워킹은 밥 시스템을 갖추지 않은 사람에게 불리하게 작용했다.

부모님과 같이 살거나 밥을 챙겨주는 동거인이 있다면 문제가 되지 않는다. "밥 먹었어?", "밥 먹자" 물어보고 독려한다. 밥 챙겨주는 임무를 담당하고 있는 사람은 플렉시블 워킹을 오히려 잘 활용한다. 어린아이를 돌보고 밥도 챙겨줘야 하는 사람은 이것저것 할 일이 많아 시간이 절대 부족하다. 스스로 이런 상황을 잘 인지하고 있기에 시간을 그야말로 플렉시블하게 알뜰히 사용한다. 아침 일찍 바지런히 움직이거나, 아이가 자는 밤 시간을 활용하거나, 자투리 시간도 소중히 쓴다.

반면 혼자 살면서 평소 집밥을 잘 해 먹지 않던 사람은 재택근무를 하게 되면서 식사가 부실해지기 쉽다. 사실 1시간의 점심시간 동안 밥을 차리고 먹고 치우는 것은 만만치 않은 일이다. 플렉시블 워킹인 만큼 점심시간을 길게 가져도 되지만, 습관이 되지 않은 경우 이 또한 쉽지 않다. 실제로 우리 부서에서도 동거인이 없고 모든 공간과 시간이 내 것인 사람이 플렉시블 워킹의 어려움을 호소한 첫 번째 타자였다. 제때 밥을 챙겨먹지 못하고, 밤늦게까지 일하고, 카페인 섭취가 늘고, 아침은 늦어지고, 점심은 건너뛰게 된다. 이런 일이 반복되면서 몸이 아프기 시작한다. 업무 마감을 지키지 못해 마음도 불편해지고, 건강은 회복되지 않고, 마음은 조급하다. 이런 경우 빨리 자신의 상황을 알리고 도움을 요청해야 마땅하지만, 자신의 탓인 것 같아 어떻게든 스스로 해결해보려고 한다. 건강은 점점 악화되고 결국 '그만두겠습니다'의 수순을 밟는다.

이는 플렉시블 워킹 탓이라기보다는 식사 시스템 부재의 문제다. 플렉시블 워킹을 잘하기 위해서는 무엇보다 혼자 밥을 잘 챙겨 먹을 수 있는 시스템을 갖추어야 한다. 플렉시블 워킹의 실패를 막기 위한 조직의 보살핌도 첫째가 '밥'이다. 구성원이 밥을 잘 먹고 있는지, 잘 먹을 수 있는 시스템을 갖추고 있는지, 밥 먹기 불편한 어떤 사정이 있는지 알아야 한다. '어디까지가 사생활이고 어디까지가 마땅히 알아야 할 일인가'의 기준점도 밥으로 잡으면 된다. 밥을 먹기 어려운 어떤 일은 알아야 할 일이고, 너무 신이 난 어떤 일은 알지 않아도 된다. 최근에 본가에서 독립하여 밥 먹기가 어려워진 사정은 알 필요가 있고, 좋은 친구를 사귀어서 저녁마다 신나게 맛집을 돌아다니는 일상은 나눌 수 있는 이야기지만 필수로 알아야 할 일은 아니란 얘기다.

일과 삶의 분리를 원하는 사람도 플렉시블 워킹에 어려움을 호소한다. 집은 집이고, 일은 일이고, 퇴근 후 내 삶은 일과 전혀 무관하다고 생각하는 사람, 즉 퇴근 후의 자아는 근무 중의 내가 아니라고 믿는 사람은 언제, 어디서나, 어떤 방식으로든 일한다는 것이 어렵게 느껴진다. 플렉시블 워킹은 아무래도 일과 생활이 섞인다. 집에서도 일하고, 길에서도 일하고, 일하다가 개인 일을 처리할 수도 있다. 이것이 플렉시블 워킹의 특징이다. 유연하게 모드를 전환하기 어렵거나 원하지 않는다면 더 타이트한 업무 방식을 선택하면 된다. 그것이 그 사람에게 맞는 플렉시블 워킹 방식이다. 내가 정한 시간에, 내가 정한 자리에서, 내가 정한 만큼 일한다는 규칙을 지켜 나가면 된다.

하지만 장기적으로는 일은 일일 뿐이라는 생각을 버려야 한다. 즉 일과 생활이 섞이는 것을 받아들이는 것이 좋다. 배우는 맡은 배역을 표현하기 위해 해당 인물의 직업을 철저히 연구한다고 한다. 직업은 나의 전부는 아니지만 직업을 떼어 내고 현재의 나를 이해하기는 어렵다. 일은 나의 중요한 생활이다.

회사 일을 본인에게 주어진 '과제'로 생각하고 평가받으려는 태도를 지닌 사람도 플렉시블 워킹에 어려움이 있다. 이런 성향은 MBTI에서 말하는 내향형, 외향형과는 무관하고, 일을 고립적으로 하는지 연대적으로 하는지의 차이다. 너무 의

존적인 것도 문제이지만, 도움을 받거나 물어보는 것을 공정하지 않다고 생각하고 스스로 해결해야 한다고 고집하는 것은 더 문제다. 같은 목표를 이루기 위해 업무를 분담한 것이지 누가 더 잘하는지 평가하기 위해 과제를 낸 것이 아니다. 일을 했으니 결과에 대한 평가가 따르는 건 당연하지만 이때조차 목표는 평가가 아니다.

신입사원들이 "○○님이 많이 도와주셨습니다. 제가 한 일이라고 보기 어렵습니다"라고 말하는 경우가 있다. 겸양의 표현이지만 누가 했는지를 그만큼 중시한다는 방증이기도 하다. 이는 학교의 평가 시스템과 회사의 협력적 업무를 혼동하는 것인데, 잦은 시험과 수행평가, 경쟁적 학교 시스템에 길들여진 결과가 아닐까 생각한다.

고립된 방식으로 일하는 사람은 플렉시블 워킹을 제대로 수행하기 어렵다. 고립된 방식으로 일하는 사람은 훌륭한 결과물을 내기 어렵다. 설사 훌륭한 결과물을 낸다 하더라도 다른 사람에게 좋은 영향을 미치기 어렵다. 고립된 방식으로는 남에게 배울 수 없고 남을 가르칠 수도 없다. 그의 결과물은 우리 것이라 할 수 없고, 우리 것으로 남지 않을 일을 할 이유는 없다.

플렉시블 워킹에서도 공동체 의식이 중요하다. 나도 도움을 받을 수 있고 나도 너를 돕겠다는 마음이 필요하다. 프로젝트가 끝나지 않았는데 휴가를 가는 상황이 생길 수 있다. 휴가가는 사람은 휴가 가기 전까지 최선을 다해서 할 수 있는 만큼 하고, 대리 담당자에게 인수인계를 잘 해준다. 대리 담당자는 휴가 간 사람에게 누가 되지 않도록 최선을 다해 마무리한다. 프로젝트가 끝나지 않으면 휴가를 갈 수 없다는 규칙보다는 서로가 서로를 도울 수 있다는 원칙이 조직을 더 잘 굴러가게 한다. '무슨 일이 있어도 내 일은 내가 마무리한다'는 책임감과 '저 사람이 할 수 없을 때 이 사람이 돕는다'는 공동체 의식 중 하나를 택해야 한다면 공동체 의식을 택하겠다. 둘 다소중한 가치지만 책임감 있는 10명보다 공동체 의식을 가진 10명이 해낼 수 있는 일이 더 많다.

'무슨 일이 있어도 내 일은
내가 마무리한다'는 책임감과
'저 사람이 할 수 없을 때
이 사람이 돕는다'는 공동체 의식 중
하나를 택해야 한다면
공동체 의식을 택하겠다.

둘 다 소중한 가치지만
책임감 있는 10명보다
공동체 의식을 가진 10명이
해낼 수 있는 일이 더 많다.

플렉시블 워킹이 안 되는 7가지 이유와
그에 대한 반론

코로나로 인해 플렉시블 워킹은 우리 회사, 우리 조직만의 특수한 방식이 아니라 대한민국 일터의 주요한 화두가 되었다. 일하는 방식의 혁신에 대한 포럼, 강연, 즐거운 일터를 꿈꾸는 조직에 대한 자문 요청도 늘었다. 그런데 사람들의 반응은 '이렇게 혁신해야 한다'가 아니라 '이래서 혁신이 어렵다'가 대부분이었다. 팀장이 눈치를 줘서, 업무 특성상 출근이 필수여서, 재택근무하면 본인은 번아웃이 올 지경인데 다른 사람은 일하지 않는 꼴을 보기 싫어서, 차라리 다 같이 출근하는 게 낫다는 것이었다. 물론 신뢰가 필요하다, 업무 시간이

나 장소가 아니라 성과로 목표를 세팅해야 한다, 최종 목표는 일하는 방식에 대해 신경 쓰지 않는 것이다 같은 훌륭한 의견도 많았다. 그럼에도 시작해보자는 의견은 드물었다. 완벽하게 세팅되기 전에는 시작할 의지가 없어 보였다. 자문을 요청하더라도 제도에 대한 것이지, 시행 단계마다 필요한 사항을 묻는 경우는 없었다. 문을 여는 데는 관심이 있지만 문을 열고 나서 콘텐츠를 채우고 운영하는 데는 관심이 덜했다. 거대한 건물을 짓고 현판식을 하는 것은 분명한 KPI(핵심성과지표)로 보이지만, 건물 내부를 채우고 지속적으로 프로그램을 운영하면서 시행착오를 겪고 마침내 건물의 역할과 용도를 진화시키는 과정은 성과로 측정하기가 어려운 탓일 것이다.

플렉시블 워킹 제도는 플렉시블하게 변화한다. 한 번에 모든 것을 완벽하게 세팅한다는 생각 대신, 1년 정도 천천히 단계를 밟아가며 같이 진화해야 한다. 플렉시블 워킹으로 진화를 꿈꾸는 조직과 그러한 개인에게는 다음과 같은 단계를 추천한다. 1단계 자율 좌석제, 2단계 자율근무, 3단계 거점오피스, 4단계 워케이션(이에 대한 자세한 내용은 4장을 참고하기 바란다). 그럼에도 이런저런 이유를 대며 불가능을 얘기하는 조직과 개인들이 있다. 이들이 말하는 이유들은 무엇인지, 정말 방안이 없는지 따져보자.

하나, '사장님이 재택근무로 일할 수 있다는 것을 믿지 않아요'

사장님 본인이 집에서 일해본 적이 없고 재택근무를 핑계로 집에서 편안히 있는 자녀분들을 본 경우라면, 회사 아닌 곳에서 일할 수 있다는 사실을 잘 믿지 않는다. 충분히 플렉시블 워킹을 할 수 있는 구조를 갖고 있음에도 "제가 불안해서 안 합니다"라고 말한다. 이 경우, 안 하면 된다. 내가 사장이 될 때까지 기다린다. 누구라도 이런 사장님을 설득하기는 어렵다. 완전히 플렉시블 워킹을 하기보다는 과도기적으로 한 달에 한 번만 재택근무를 해보는 것도 방법이다.

둘, '팀장님이 재택근무를 하면 눈치를 줘요'

회사에 제도가 있음에도 회사 밖에서의 근무를 노골적으로 탐탁지 않게 생각하는 팀장이 있다. 이 경우도 안 하면 된다. 내가 팀장이 될 때까지 기다린다. 과연 이런 팀장 밑에서 일한 사람이 팀장이 되었을 때 플렉시블 워킹에 너그러울지는 두고 볼 일이지만 말이다. 이런 경우는 규칙을 정하는 것도 방법이다. 일주일에 하루, 같은 요일에 회사 이외에서 근무하거나, 사람마다 정해진 요일에 회사 이외의 장소에서 근무해본다. 말하지 않고 불편해하기보다는 입 밖으로 꺼내서 규칙을 정하는 편이 낫다.

셋, '업무 특성상 회사에 반드시 출근해야 해요'

회사로 걸려오는 전화를 받아야 하거나 갑자기 떨어지는 사장님의 지시 사항을 들어야 하거나 물리적인 행동을 하는 것이 필수인 직장이 있다. 이 경우도 안 하면 된다. 이 경우는 할 수 없는 경우라 할 수 있다. 다만 하루 정도 늦게 나오는 날, 일찍 퇴근하는 날, 긴 점심시간, 할 수 있다면 한 달에 한 번 회사 이외의 곳에서 근무하는 날을 정할 수 있다. 그럼 덜 일하는 것 아니냐고? 그러면 어떤가? 하루 혹은 반나절의 허락된 오프 시간은 가장 저렴한 리프레시 방법이다.

넷, '저만 일하고 다른 팀원은 노는 꼴이 보기 싫어요'

플렉시블 워킹에서 의외로 형평성 문제를 제기하는 직원이 많다. 팀 전체적으로 10이라는 업무를 한다고 했을 때, 팀장님 입장에서는 모두에게 공평하게 나누는 것보다 10을 채우는 것이 중요하다. 하지만 팀원 입장에서는 공평한 분배가 더 중요하다. 더욱이 플렉시블 워킹을 하면 일하지 않는 직원이 쉽게 눈에 띈다. "팀장님, 왜 저 친구가 일 안 하는 것을 알면서 조치를 취하지 않으십니까?" 팀장님이라 하더라도 즉각 조치할 인사상의 권한은 없는 경우가 많다. 불만을 잠재우려면 형평성을 저해하는 구성원에 대해 팀장이 강력한 인사권을 행사할 수 있어야 한다. 적어도 우리 팀에서 일하지 않도록 할 수 있는 제도는 필요하다.

다섯, '플렉시블 워킹을 하면 연락이 안 되는 직원이 있어요'

플렉시블 워킹에서 커뮤니케이션 원칙은 중요하다. 우리 조직의 경우는 '본인의 근무시간을 새벽으로 정했다 하더라도 휴가가 아닌 이상 9~6시에는 연락이 되어야 한다'가 원칙이다. 전화, 메신저, 카카오톡(이하 카톡), 어떤 방법으로든 말이다. 그렇다고 몇 분 이내에 답해야 한다는 규칙은 없다. 문제가 되는 한 명의 직원 때문에 지나친 규칙을 만드는 것은 비합리적이다. 지속적으로 연락이 안 되는 직원에게는 가장 강력한 인사권을 행사할 수 있어야 한다. 거듭 말하지만 플렉시블 워킹을 유지하기 위해서는 강력한 인사권이 작동되어야 한다.

여섯, '집에서 일을 할 수가 없어요'

집이 좁거나 시끄럽거나 집에 일할 만한 곳이 없다면 집에서 일하지 않으면 된다. 플렉시블 워킹은 재택근무가 아니다. 나에게 적합한 장소를 찾자. 회사, 카페, 도서관, 시간당 빌려주는 오피스 등 장소는 얼마든지 있다. 집에서 본격적으로 일하기 위해 어떤 이들은 집을 새로 구하거나 인테리어를 해서 일할 공간을 마련하기도 한다. 내가 인터뷰한 많은 사람이 의자, 책상, 조명, 모니터를 구입했다. 아기가 있는 경우는 집 앞 도서관, 카페 등 몇 군데 일할 만한 곳을 찾았다. 일단은 집을 나서되 여차하면 집으로 달려갈 수 있는 거리에 있는 장소를 택했다. 사비로 스터디카페 정기권을 구입한 이도 있다. 무언가를 얻으려면 시간, 돈, 노력 무엇이든 써야 한다.

일곱, '집에서는 일이 잘 안 돼요'

이는 플렉시블 워킹이 안 되는 이유라기보다는 투정에 가깝다. 하지만 현실적인 문제이고, 이 문제 때문에 타인이 플렉시블 워킹을 잘 수행할 것이라는 믿음이 사라지기도 한다. 믿음이 없으니 제도도 발전하지 않는다. 다시 말하지만 플렉시블 워킹은 재택근무가 아니다. 집에서 일이 잘 안 되면 잘되는 곳을 찾으면 된다. 혹은 집에서 일하기 위한 나만의 노하우와 규칙을 만들면 된다. 2장에서 본격적으로 플렉시블 워킹의 노하우와 규칙을 공유한다. 먼저 해본 사람들의 팁을 활용해 자기만의 노하우를 만들어가자. 일주일에 하루, 한 달에 하루만이라도 자신을 다른 장소에 놓음으로써 리프레시가 될 수 있다. 그 시작은 나에게 달려 있다.

업무 효율성도 생활의 활력도 만족

2017년 1월 회의에서 평가 시스템을 만들어보자는 의견을 나누고 다음과 같은 리뷰 시트를 만들었다.

항목은 총 5개로, 15명이 익명으로 평가합니다.

평가 척도는 0~100 사이의 숫자로 입력합니다.

각 항목마다 최저, 최고 점수를 제외하고 평균값을 계산합니다.

매주 1회 평가하고, 매달 종합하여 가장 평가가 낮은 항목부터 개선점을 만들어나갑니다.

평가항목	1	2	3	4	5	6	7	8	9	10	11	12	13	14	15
업무수행 그 자체 스마트 워크로 인해서 개인에게 주어진 업무를 효율적으로 수행할 수 있습니다.															
커뮤니케이션 스마트 워크로 인해서 다른 사람과 커뮤니케이션하는 것이 원활해집니다.															
자기 발전, 상호 발전 스마트 워크로 인해서 선후배에게 더 많이 배우거나 가르치게 됩니다.															
흥미, 재미, 영감 스마트 워크로 인해서 생활에 활력이 생깁니다.															
여유, 건강 스마트 워크로 인해서 여유롭고 건강한 생활이 가능합니다.															
합계															
순위															

당시 만들기만 하고 실제 해본 적은 없는데, 8년이 지난 뒤 팀원들의 도움을 받아 평가를 해보았다. 그 결과 업무수행 효율성은 81점, 커뮤니케이션은 65점, 자기 발전 및 상호 발전은 55점, 흥미·재미·영감(생활의 활력)은 88점, 여유와 건강은 95점이 나왔다.

가장 낮은 점수를 받은 항목은 '자기 발전 및 상호 발전'이었다. 플렉시블 워킹은 업무 스킬을 배워야 하는 사람에게 확실히 불리하다. 단축키 같은 것을 '어깨너머'로 배우는 게 불가능해졌고, 안 풀리는 문제가 있을 때 인상 쓰고 앉아 있기만 해도 도와주던 손길도 기대하기 어려워졌기 때문이다.

커뮤니케이션은 점수를 높이 준 사람과 낮게 준 사람으로 나뉘었다. 커뮤니케이션 툴은 지속적으로 발전한다. 전화, 문자, 카톡, 네이트온, 인트라넷 메신저, 이메일 등 방법은 점점 많아지고 그 허들도 낮아진다. 그러니 도구의 문제라기보다는 성향과 경험의 차이라 할 수 있다. 다른 사람에게 연락하는 것이 쉬운 사람과 그렇지 않은 사람, 연락이 안 되는 것을 경험한 사람과 아닌 사람의 평가가 달랐다. 이는 직급과는 상관이 없다. 팀장이지만 팀원이 어려운 사람이 있고, 직급이 낮아도 물어보는 데 거리낌 없는 사람이 있다.

내 경우는 커뮤니케이션에 문제가 없다고 생각한다. 팀원들은 나의 일정을 공유 달력을 통해 확인하고 연락이 가능할 것 같은 시간에 연락한다. 통화가 필요하면 문자로 통화 가능 여부를 물은 뒤 통화하고, 간단히 물어볼 것은 메신저로, 여러 사람이 대화해야 하면 단체 톡으로 소통한다. 회사 경영기획실 사람들은 사내 메신저로 연락한다. 클라이언트와는 이메일로 먼저 연락하고 전화도 많이 한다. 커뮤니케이션은 도구의 문제가 아니라 관계의 문제다. 권위주의가 줄어들고 수평적인 관계가 되면 커뮤니케이션하는 데 어려움이 줄어들 것이다.

'생활의 활력'과 '여유와 건강'은 높은 점수를 받았다. 개인 생활 균형을 잡는 데 플렉시블 워킹이 좋은 건 두말할 필요도 없다. 건강은 일시적으로 나빠질 수 있지만, 플렉시블 워킹이 지속된다면 나름의 건강 챙기기 방법을 만들기 마련이다. 그러지 못해서 건강이 나빠진 사람은 회사를 그만두기도 했다. '업무수행의 효율성' 역시 나름의 방법을 만들어냈다. 그러지 못한다면 계속 일할 수 없다. 나도 효율성에 100점을 준다. 나는 미팅 장소와 할 일에 따라 어디서 일하는 것이 가장 효율적인지 정답지를 갖고 있다. 매일매일 일정이 다르지만 패턴은 유사하다. 회사로 출근해서 클라이언트 회사에서 퇴근하거나, 클라이언트 회사 근처 카페에서 시작해 회사에서 퇴근하거나, 집에서 머리 싸매고 문서 작업을 하는 식이다.

정리하자면, '업무수행의 효율성'과 '생활의 활력과 건강'은 플렉시블 워킹을 오래 수행한 조직의 구성원이 가장 만족하는 부분이다. '생활의 활력과 건강'은 사실 플렉시블 워킹의 최대 장점이라 할 수 있다. 물론 이러한 만족감을 위해서는 개인의 노력이 필요하다.

'커뮤니케이션'은 초기에는 도구 세팅 등 조직적으로 노력해야 하는 부분이며, 성숙기에는 개개인의 마인드가 중요하게 작용한다. 플렉시블 워킹을 오래 수행한 조직의 경우, 도구는 완성되었으나 여전히 이를 어려워하는 사람이 있다. 조직은 커뮤니케이션에 어려움이 있는 구성원이 없는지 계속 돌아보아야 한다.

'자기 발전, 상호 발전'은 조직적으로 계속 노력해야 하는 부분이다. 플렉시블 워킹을 오래 수행한 조직에서도 늘 새로운 문제에 맞닥뜨리게 된다. 이를 위해 만나고, 친해지고, 배우고, 가르치고, 서로 자극을 받을 수 있는 공식·비공식 장치를 계속 개발해야 한다. 이에 대해서는 3장과 4장에서 자세히 다룬다.

2장

플렉시블 워킹 실천 유형 13가지

알람×스벅×택시로 완성되는 거점오피스

H는 하루에 서울 시내에서 100km 이상 이동한다. 미팅이 많고, 외부 활동도 많고, 일정도 매일 다르다. 플렉시블 워킹 방식이 아니더라도 플렉시블하게 살 수밖에 없다. H에게는 자투리 시간을 잘 활용하는 것이 중요하다. 이를 위해 H는 스스로 정한 거점오피스를 십분 활용한다. 가장 중요한 거점오피스는 스타벅스다(가끔은 아티제나 투썸플레이스, 맥도날드도 이용한다. 대개 미팅 장소 근처에 이 중 하나는 존재한다).

H는 미팅 시간보다 최소 1시간 일찍 도착해, 미팅 시간 10분 전에 알람을 맞춰놓고, 알람이 울릴 때까지 업무를 본

다. 대체로 그 시간 동안 어떤 일을 할지 정해놓고 끝내려고 한다. 업무로 진입하고 나오는 예열 시간을 최소화하기 위해 같은 카페에 들어가 같은 자리에 앉고 같은 메뉴를 주문한다. 새로운 카페를 가려고 기웃거리거나 새로운 메뉴를 주문하려고 고민하지 않는다. 마곡 L사에 갈 때는 투썸 2층 로열 밀크티, 역삼 S사에 갈 때는 스벅 창가자리 라떼, 강남 H사는 아티제 소파석 라떼, 이런 식이다. 카페에 앉아 노트북을 열면 와이파이가 자동으로 연결된다. 플러그가 어디 있는지도 알고 있다. 같이 미팅 가는 사람과는 이야기하지 않는다. 동행자도 H가 미팅 전 자투리 시간을 활용한다는 것을 알고 있다.

가끔은 프랜차이즈 카페가 없는 곳도 있는데, 이 경우에는 해당 회사에 외부인도 들어갈 수 있는 휴게 공간을 이용한다. 오패산로에 있는 S사에 갈 때는 회사 옆 편의점에서 커피맛 우유를 사서 휴게실로 가 일을 시작한다. 안내데스크 직원분도 H가 미팅하기 1시간 전에 온다는 것을 안다.

H의 두 번째 거점오피스는 길 위다. 걸어가면서, 택시 안에서, 지하철 안에서, 문자, 전화, 화상회의 모두 가능하다. 다음 일정 때문에 미팅 도중 먼저 일어나야 하는 경우에는 아직 미팅 중인 사람에게 전화를 걸고 그 사람이 폰을 스피커폰으

로 틀어놓아 미팅 내용을 들으면서 이동한다. 하고 싶은 말이 있으면 문자로 한다. 진정한 모바일 오피스는 이동하는 오피스다.

코로나로 화상회의가 일반화되었다. 화상회의를 하기 가장 좋은 장소는 택시 안이다. 카페보다 프라이빗하고, 시간이 제한되어 회의가 길어지지 않는다. 지하철로 이동하는 경우라면 듣기만 하고, 의견은 채팅창에 남긴다. 보고서를 검토하는 미팅이 아니라 일의 진행 상황을 알리거나, 간단한 의사결정을 요하는 미팅은 바로바로 전화로 한다. 미팅 장소와 시간을 정해 자리 잡고 앉아서 미팅을 하게 되면 시간이 부서지기 때문이다. "말씀하세요"가 미팅의 시작점이다. 이렇게 문 앞에서 시작해 걸어가며 듣고, 택시 타고 듣고, 내리면서 듣는다. 다음 미팅 장소에 도착하면 전화로 이어진 미팅은 끝난다. 숨 쉴 틈이 없는 것 같다고? 매번 이렇지는 않다. 그날 해야 하는 일이 많을 때, 시간 잡고 장소 잡고 각 잡을 때까지 미루지 않고 바로 일을 처리하는 것이다. 훨씬 효율적이다.

H의 이러한 업무 방식에 대해 신입사원은 처음에는 어려워한다. 상사에게 아무 때나 전화하기도 어렵고 갑자기 붙잡고 말을 거는 것도 쉽지 않기 때문이다. 하지만 전화, 문자, 메신

저, 팔로우(택시 타러 나가는 사람 따라가면서)로 한두 마디면 끝날 일을 예의 차리고 형식 갖추면 의사결정이 늦어지거나 필요한 공유가 이루어지지 않는다. 상하 관계로 보면 보고이지만, 동료 관계로 보면 알아야 할 사항들의 정보 공유다. 신중하고 진득하게 보아야 하는 일은 달력에 회의 시간과 장소를 지정해두면 된다. 그러지 않아도 되는 일까지 따로 미팅을 잡을 필요는 없다.

H는 가능한 모든 통신 수단을 활용하여 커뮤니케이션한다. 플렉시블 워킹이라 해서 팀원과 커뮤니케이션이 원활하지 않다고 느낀 적은 없다. 통신 수단은 점점 발달한다. 연락을 주저하게 만드는 마음의 걸림돌만 제거한다면 연락은 언제든지 가능하다.

H는 시간 강박자다. 강연장에 늦거나 미팅이 있는데 까맣게 잊어버리는 꿈을 종종 꾼다. 그래서 시간 강박에서 벗어나기 위해 알람을 맞추고 본인은 그 시간을 잊는다. H는 어디에 있든 9~6시를 업무시간으로 간주하는데, 알람을 수시로 맞추고 알람에 따라 모드를 전환하는 것도 여러 업무를 효율적으로 해내는 H만의 방법이다. 모드에는 몇 가지가 있다. 우선 글쓰는 모드. 이때는 회사 1층 카페에서 차를 마시고, 2시간쯤

뒤에 알람을 맞춰 놓는다. 미팅 전 모드는 미팅 장소 근처 카페에서 커피를 마시며 50분 안에 할 수 있는 한두 가지 일을 처리하는 것이다. 이때는 미팅 시작 10분 전에 알람이 울리게 한다. 행정 처리 모드에서는 주로 음악을 듣고 차는 마시지 않는다. 일은 40분 내에 처리하려고 한다. 그 이상 시간을 쓰고 싶지 않기 때문이다. 두껍고 진지한 보고서를 검토해야 하는 모드에서는 시간을 정하기보다 업무에 집중한다. 종이와 펜을 꺼낸다. 음악은 듣지 않는다.

　H는 부팅이 오래 걸리는 데스크톱 PC가 있던 시절에 직장 생활을 시작했다. 업무는 컴퓨터 전원 버튼을 누르고 오랜 부팅을 기다려서 시작되었고 전원을 끄면서 끝이 났다. 최근 컴퓨터는 가벼운 노트북이고 SSD 덕분에 부팅 시간이 매우 짧다. H의 업무 스타일도 이렇게 바뀌었다. 정해진 자리에서 하루 종일 일하던 방식에서 들고 나면서 계속 일하는 방식, 업무에 바로 진입하고 나가기를 수시로 반복하는 방식으로 말이다. 덕분에 야근을 하지 않고 장소에 구애받지 않고 어디를 가든 자유롭다. H에게 플렉시블 워킹은 모바일의 사전적 정의, 즉 '(고정되어 있지 않고 쉽고 빠르게) 이동하는, 움직임이 자유로운' 그대로다.

이동이 잦은 H의 꿀팁

◦ 자투리 시간이 부서지지 않게 한다.

◦ 업무로 진입하는 예열 시간을 최소화한다.

◦ 업무 성격에 따라 모드를 정하면,

  조건 반사처럼 반응해 효율이 올라간다.

고양이형 인간의 에너지 분배

E는 고양이형 인간이다. 고양이형 인간의 핵심 키워드는 '에너지 비축'이다. 이런 사람은 집 밖을 나가는 데 에너지 소모가 너무 크다. 나가기까지 시간이 오래 걸리는 문제라기보다는 어딘가에 가기 위해 제시간에 일어나야 한다는 사실 자체가 강박으로 작용한다. 씻고, 입고, 나가서 뭘 할지 고민하고 결정하는 모든 과정에서 에너지가 소모된다. 그래서 고양이형 인간은 되도록 에너지를 비축하려 든다. 고양이가 마냥 늘어져 있는 것처럼 보일지라도 먹잇감이 나타나면 무섭게 쫓아가 사냥하는 것처럼, 이런 사람은 계속 일을 하고 있지는

않지만 일할 때 몰입하는 힘이 크다. 스스로 그것을 잘 알고 있기에 사냥놀이하듯 몰입할 요소를 만들기도 한다. 보고서를 쓸 때도 뭔가 재미있는 요소를 찾아내고 그것부터 시작하는 식이다. E도 본인이 이러한 성향임을 잘 알고 있어서 시간에 구애받지 않는다. "6시까지 끝낼 거야"가 아니라 "천천히 내가 할 수 있는 에너지 내에서 하자"가 E의 모토다.

그렇다고 E가 일을 덜 하는 것은 아니다. 총 시간을 따지면 오히려 길 수도 있다. 균질하게 죽 하지 않을 뿐이다. E는 본인이 효율적으로 일하는 타입은 아니라고 말한다. E가 결과물이 나쁘거나 실제로 비효율적으로 일하는 사람이라면 플렉시블 워킹 실천 유형에서 다룰 필요가 없다. E는 고양이형 인간이 어떻게 플렉시블 워킹을 하는지, 이런 유형의 사람이 플렉시블 워킹에서 주의해야 할 점은 무엇인지를 시사한다. E는 종종 '이것은 징징거림인가, 정당한 도움 요청인가?'를 놓고 고민한다. 일이 많아 잠을 못 자고 있으면서도 "매일 징징거리고 있는 것 같아요. 제가 좋아서 더 열심히 하는 건데 도움을 요청해도 되는지 모르겠어요"라고 말한다. 그렇다, 고양이형 인간은 자기만족이 중요하고, 재미있어서 열심히 하는 것이라고 생각해서 대놓고 티 내는 행동을 잘 못한다.

이런 유형의 사람이 신경 써야 하는 것은 다름 아닌 '공유'다. '나는 지금 이런 일을 하고 있고, 이렇게 했고, 이런 부분이 성과라고 생각하고, 이런 부분은 어려움이 있으니 도움이 필요하다'는 것을 본인이 생각하는 것보다 조금 더 자주 의식적으로 공유할 필요가 있다. 기본적으로 혼자 심사숙고하는 것에 익숙하기에 고립되어 너무 깊이 빠져들지 않도록 자신의 생각과 현재 상황을 공유해야 한다. E의 경우는 그가 고양이형 인간임을 동료와 상사가 인지하고 있다. 그래서 그를 적당히 내버려두면서도 가끔은 두드려 깨워서 뭐 하고 있는지 확인한다. 그런 동료와 상사를 가진 것은 E의 행운이다.

E의 꿈은 '나의 이름으로 무언가를 하는 것'이다. 내 이름이 남는 것, 나중에라도 내 것이라 부를 만한 일을 하는 것, 적어도 그런 일을 하는 데 밑거름이 될 만한 일을 하고 싶어 한다. '꿈, 일, 성향'이 3박자를 이룰 때 E의 능력은 빛을 발한다. 자신의 이름을 걸고 자신이 잘 아는 주제에 대해 이야기하는 중편의 보고서를 쓸 때 가장 신난다. 반대로 관심도 없는 주제에 대해 일원으로서 참여하는 일에는 흥미를 갖지 못한다. 하지만 회사에서는 이런 일도 해야 한다. 그럴 때 E는 가능하면 본인과 관련되는 파트를 찾아서 그 한 파트를 맡아 최선을 다해

마무리한다.

E는 적극적인 사람처럼 보이지 않지만, "이 일은 제가 하겠습니다"라고 꽤 자주 손을 든다. 본인이 좋아하는 일에 쓸 수 있는 에너지와 그렇지 않은 일에 쓸 수 있는 에너지가 확연히 다름을 알고 있기 때문이다. 본인을 잘 파악하는 것, 그것이 플렉시블 워킹의 시작점이다. 이는 개인에게도 좋고, 전체의 업무 성과에도 좋은 일임에 틀림없다. 공평이라는 이름으로 업무를 똑같이 배분하는 것보다 원하는 업무를 맡기는 것이 훨씬 효율적이다.

고양이형 인간, E의 꿀팁

◦ 중요한 업무를 위해 평소에 에너지를 비축한다.

◦ 본인을 움직이는 동기를 정의하고,

　동기가 발동한 만한 일에 적극적으로 손을 든다.

◦ 자신의 상황과 성과를 의식적으로 공유한다.

　공유를 업무의 일환으로 받아들인다.

최적의 효율을 내는 법, '80%만 일합니다'

W는 유수의 대학을 졸업한 미국 유학파다. W의 평행우주에는 이름 있는 외국계 컨설팅 기업에서 억대 연봉을 받으며 과도한 업무 강도를 견디는 모습이 있다. 또 다른 평행우주에는 강도 높은 운동과 식단 관리를 감내하고 우아한 사교 모임에 참석하는 모습도 있다. 이 평행우주를 뒤로하고 W는 플렉시블 워킹의 밸런스와 자유를 선택했다. '강도 높은'이라는 수식어가 붙을 만한 일은 W의 선택을 받지 못한다.

"100%는 죽을 지경이 왔을 때나 발휘하는 거라고 생각해요. 언제나 20%를 남겨 놓습니다. 나를 위한 시간을 보낼 때도 20%는 남겨 두어야 합니다."

밸런스와 자유는 일 아닌 그 무엇에서라도 W에게 가장 중요한 가치다. 그래서 W는 이를 지킬 수 있게 해주는 플렉시블 워킹을 사랑한다. "저에게는 자유가 가장 중요합니다. 구속받지 않고, 정해진 규칙만 지키면 나머지는 자유가 어느 정도 보장되기 때문에 플렉시블 워킹을 너무 좋아합니다. 이 제도를 유지하기 위해서라도 회사를 오래 다니고 리더가 되고 싶어요."

마음의 여유를 가질 수 있는 자유, 본인의 루틴을 이렇게 셋업했다가 저렇게 바꿀 수 있는 자유, 낮에는 쉬고 저녁에 일할 수 있는 자유. W가 말하는 자유는 사실 대단한 게 아니다. 이것과 저것 사이에서 '내가' 이것을 '선택할 수 있다'는 가능성이다. 선택과 가능성은 일의 몰입도를 높이는 중요한 요인이다. "공부해라"라는 말을 들으면 공부하기 싫어지는 것처럼, "일해라"라는 말 역시 W에게는 안 먹힌다.

직장에서 '80%만 일한다'고 당당하게 말할 수 있는 사람은 얼마나 될까? 80%만 일한다는 것을 문자 그대로 해석하면 W는 업무에 방어적인 태도로 임할 것으로 예상된다. 하지만 W는 가장 적극적인 사람 중 하나다. 업무 프로세스를 바꾸자고 가장 자주 발의하는 사람이고, 인턴과 신입사원 교육을 가장 많이 하는 사람이고, 그들을 위해 비공식적으로 워크숍을 기획하고 공식적으로 허락을 얻어 제주도로 워크숍을 다녀오는 사람이다. 업무 팁을 가장 적극적으로 공유하고, 리더가 잊을 법한 스케줄을 가장 자주 알려주는 사람이다.

"80%는 제 마음속 기준치입니다. 못난 결과를 내겠다는 것이 아니라 적당히 할 만큼 하겠다는 뜻이죠. 결과가 만족스럽지 않다는 평가를 받는다면 당연히 더 해야겠죠. 시험에 나올 만한 것만 공부하는 스타일이라고 할까요? 여기서 더할 수 있지만 더하지 않는 거죠. 만약 시험 결과가 안 좋았다면 100% 했을 것입니다."

W가 실제 능력이 없거나 게으른 사람이면서 이런 태도를 지니고 있다면, 인터뷰 대상이 되지 않았을 것이다. 80%라는 것은 W가 추구하는 가치관이다. 그는 '열심히', '성실히', '아등바등'을 경계하고, '단순하게', '적절하게', '효율적으로'를 추구한다.

W는 이런 가치관으로 상대에 따라 최적화된 커뮤니케이션 방식을 발전시켰고 이를 널리 공유했다. 예를 들면 A팀장은 전적으로 맡기는 타입이니 오롯이 혼자만의 프로젝트를 하고

싶을 때 같이 하면 좋은데 도움이 필요하다면 미리 말해야 한다, B팀장은 가고자 하는 방향이 워낙 확고하고 매우 세밀하게 관리하니 자주 미팅하고 확인받아야 일이 중첩되지 않는다, C팀장에게는 미리미리, D팀장과는 다 된 뒤 한 번만 커뮤니케이션하는 것이 좋다는 식이다. 이는 효율적으로 일하기 위해, 다시 말해 시간을 낭비하지 않기 위해 스스로 알아낸 것이고, 효율적인 세상이 좋다고 믿기 때문에 W는 이 방법을 널리 퍼뜨린다. W 덕분에 새로 들어온 사람들은 팀장과의 커뮤니케이션 꿀팁을 얻는다.

W가 추구하는 효율은 한편으로는 낭비를 없애 옵티마이즈(최적화)하는 것이고, 다른 한편으로는 선택과 집중을 하는 것이다. 예를 들어 회사에서 팀원들이 책을 만들기로 했다고 치자. 책은 개인의 이름이 남는 결과물로 좋은 포트폴리오가 된다. 동시에 추가적인 시간과 노력을 들여 글을 쓰는 것은 오로지 개인의 몫이다. 이런 일은 W의 선택을 받지 못한다. 글을 못 쓰거나 시간이 없어서가 아니다. 스스로 책에 큰 가치를 부여하지 않아서다. 반면 팬데믹 이후 TV 시장 분석이라는 프로젝트에는 에너지를 아낌없이 투입했다. 그것은 W의 핵심 업무인 데다 효율적으로 끝내기 위해서는 결과가 좋아야 하기

때문이다.

회사에서는 단순함보다 복잡함, 얕음보다 깊음, 효율 추구형보다 성실한 태도가 각광받는 것처럼 보인다. 하지만 태도는 각자의 지향점이다. 각자의 지향점은 존중받아야 한다.

효율이 최우선인 W의 꿀팁

∘ 업무를 최소화하는 것이 아니라 '최적화'한다.

∘ 본인이 발견한 최적화 솔루션을 널리 공유한다.

∘ 효율적 방법론에 집중하여 결과를 등한시하지 않는다.

  결과가 좋지 않다면 방법론을 재고한다.

자유는 사실 대단한 게 아니다.
이것과 저것 사이에서 '내가' 이것을
'선택할 수 있다'는 가능성이다.
선택과 가능성은 일의 몰입도를 높이는
중요한 요인이다.

플렉시블 워킹의 소통 불안을 해소하는 법

R은 스스로를 '불안한 유목민'이라 설명한다. R의 모토는 '일하기 가장 좋은 환경이란 없다'이다. 중요한 것은 그날의 컨디션이다. 환경에는 별 영향을 받지 않는다. R은 이리저리 돌아다니는 것을 좋아한다. 좋아한다기보다 9~6시, 한 사무실에 있는 게 안 맞는다. 현재 직장으로 이직하기 전까지 그렇게 살아왔지만 본인이 맞지 않는 사람이라는 것을 일찌감치 깨달았다. 유목민적 성향을 지닌 R에게 플렉시블 워킹, 즉 자신의 위치를 자유롭게 이동시킬 수 있다는 것은 축복이었다.

그런데 유목민적 성향과 더불어 기본적 불안감이 내재해

있는 것이 문제다. 일은 외부에서 하는 것이 효율적인데, 커뮤니케이션을 위해서는 같이 있는 게 편하다. 플렉시블 워킹은 R의 업무 효율과 더불어 커뮤니케이션 불안도도 높인다. R은 이를 어떻게 극복하고 있을까?

"저는 기본적으로 불안감이 높은 사람이에요. 내가 지금 잘하고 있는지 끊임없이 물어보아야 하는 사람, 숙제 검사 받아야 마음 편한 사람, 금요일에 숙제 내고 검사 안 받으면 월요일까지 잠 못 자는 사람이죠. 플렉시블 워킹으로 불안감이 더 높아질 수 있는데, 이럴수록 전화, 줌미팅, 메신저 같은 매체를 적극적으로 활용해야 해요. 저는 카톡 빼고 다 사용합니다."

R은 선제적으로 커뮤니케이션한다. 대부분 먼저 미팅을 제안하며, 즉흥적으로 만나기보다는 2주치 미팅 일정을 미리 잡아놓는 편이다. 공식적인 마감보다 하루 먼저 자기만의 마감을 정하고 미리미리 대처한다. 대부분의 마감러들은 마감날 밤을 새우는데 R은 마감일에 가장 여유롭다.

R은 효율보다는 영감파다. 영감이 와야 진척도가 높은데 9~6시 사이에 영감이 안 올 수 있으니 시간과 장소를 열어둔다. 코어 타임은 필요하지만 영감이 늘 그때 오는 것은 아니니

30분씩 잠을 자기도 한다. 자는 동안에도 뇌는 움직인다고 믿는다. 영감을 위해 장소도 자주 바꾼다. 집 안에서도 내 방, 거실, 주방 등으로 옮기고 아예 카페로 나가기도 한다. 공간을 최적화한다기보다는 공간을 바꿔주는 것 자체가 도움이 된다.

선제적 커뮤니케이션, 유목민적 특성 활용과 더불어 R이 전하는 진짜 꿀팁은 바로 본인의 불안을 받아들이는 것이다. 불안을 받아들인 R은 불안감을 높이는 것들은 제거하고 불안을 최소화할 수 있는 자기만의 방법을 발전시켰다. R이 자기 안에 불안이 내재해 있다고 말해주지 않는다면 주변 사람은 이를 눈치채지 못할 것이다. R은 미리 계획을 세우고 선제적으로 커뮤니케이션하며 누구보다 안정적으로 일하고 있기 때문이다.

불안은 까탈스러움, 예민함, 정신적 불편함으로 여겨질 수도 있다. 다른 한편으로 불안은 안주하지 않음, 날카로운 눈, 정신적 탁월함으로 작동할 수도 있다. R의 불안은 일 처리의 철저함, 데이터 분석의 꼼꼼함, 프로젝트 매니저로서의 믿음직스러움으로 발현된다. R 덕분에 오랜 숙원 사업이었던 데이터 리스트 정리를 할 수 있었고, R이 불안을 극복하기 위해 발휘한 커뮤니케이션 스킬은 팀장과 클라이언트들을 안심시

컸다.

회사에는 뭐든지 할 수 있다고 호언장담하는 사람도 필요하지만, 신중하고 조심스러운 사람도 필요하다. 날카로운 매너를 가진 사람은 어렵지만 날카로운 눈을 가진 사람은 환영받는다. 불안과 예민함은 얼마든지 능력으로 받아들여질 수 있다.

불안한 유목민, R의 꿀팁

◦ 최적화의 장소를 찾지 않는다. 장소 이동 자체가 중요하다.

◦ 선제적으로 커뮤니케이션한다.

　가능하면 2주치 일정을 미리 짠다.

◦ 본인의 불안감을 받아들인다.

　불안을 최소화할 수 있는 방법을 찾으면 된다.

최소한의 소셜라이징으로
내 정체성 지키기

J는 스스로를 '매드 사이언티스트'라고 정의한다. 매드 사이언티스트는 공상과학 애니메이션의 주요 캐릭터로 종종 등장하는데, 과학자나 기술 개발 종사자를 가리키기도 하지만 극단적이고 비현실적이라는 점에서 종종 부정적 의미로 쓰인다. 매드 사이언티스트에 의해 혁신적인 로봇이 만들어지기도 하고 세상이 붕괴될 위기에 처하기도 한다. J는 문자 그대로 매드 사이언티스트라기보다는 매드 사이언티스트의 구성 요소를 좋아한다. J는 과학을 전공했고, 과학을 좋아하고, 과학적인 것을 진리라 믿고, 2D 애니메이션을 좋아한다. 스스로를

'사회생활 잘하는 젊은이'가 아니라 '이세계異世界에 더 어울리는 사람'이라 생각한다. J의 독특함에 대한 주변인의 간증도 이어진다.

"집의 모든 것을 아웃소싱해요. 식사, 세탁, 운동 등등. 집에서는 정말 잠만 자요. 밥 먹으러 PC방 가는 분이에요. 고민하기 싫어서 밖에 쓰는 돈은 안 아낀대요."

"그분만의 규칙이 확실해요. 밥 먹는 것도 자기만의 커리큘럼이 있어요. 이때는 이거, 여기서는 저거. 다 정해져 있어요."

"언어 이해도가 불균질해요. ○○ 게임사와 일하는데 게임 용어는 다 알아듣고, 그 밖의 미팅 내용은 하나도 못 알아들었다는 거예요."

"채소를 전혀 안 먹어요."

하지만 J 역시 여느 사원들과 마찬가지로 면접을 보고 인턴 기간을 거쳐 정직원에 합격할 만큼 사회적으로 무난한 과정을 거쳐서 직장인이 되었다. 독특한 세계관을 지닌 J에게 회사는 사교성과 사회성을 충족시켜 주는 곳, 자기만의 세계에 너무 깊이 빠지지 않게 해주는 안전판이다. 그렇더라도 J에게 9~6시 소셜라이징은 너무 버겁다. 9~6시 고정석에서 근무하는 회사를 다녔다면 J는 일과 삶을 완전히 분리하고 '일코'(일반인 코스프레, 주변인들에게 덕후의 정체성을 드러내지 않고 생활하는 것)로 살았을 것이다. J에게 플렉시블 워킹이 중요한 이유는, 최소한의 효율적인 소셜라이징 활동으로 업무를 진행할 수 있어서다. 플렉시블 워킹 덕분에 J는 본인의 정체성을 지킬 수 있었다.

J는 연구자의 자질을 지닌 사람이다. 끊임없이 질문하고 깊이 생각하고 사고의 끈을 놓지 않는다. 하지만 일은 일처럼 해야 하는 법. J도 시행착오를 거치며 그 점을 깨달았다.

"처음에는 진짜 연구한다는 느낌으로 일했어요. 혼자서 생각하는 시간도 많았던 것 같아요. 지금은 연구처럼 하지 않고 일처럼 해야 연구 같은 결과가 나온다는 것을 알아요. 효율화된 프로세스를 어느 정도 지켜야 결과가 나옵니다."

J의 효율화된 프로세스는 이러하다. 보고서를 같이 써야 하는 사람이 있다면 일주일에 두 번, 딱 2시간 이야기하고 개별적으로 일한다. 목적에 따라 사용 공간을 정한다. 혼자 집중하고 생각을 정리할 필요가 있다면 회사 1층 카페 구석자리를, 동료들과 함께 일할 때는 2층을 쓴다. 집은 실험실, 짐gym은 운동하는 곳이다. 목적에 따라 공간을 정하고 되도록 지킨다. 영감보다는 효율로 일한다. 보고서 작성이나 데이터 분석

에 필요한 기초 작업은 시간을 정해놓고 한다. 아침에 일어나서 '몇 시까지 이만큼 한다'는 것을 정해둔다. 끝이 있는 일이 마음 편하다.

소셜라이즈 할당량도 정한다. 오프라인 소통에 에너지를 너무 많이 쓰면 어려움이 있으니, 온라인 커뮤니케이션으로 그 부담을 없앤다. 온라인 소통의 최적 공간은 집이다. 집에서는 마음이 편해 온라인으로 계속 존재를 노출할 수 있다.

J는 자기 세계가 강하지만, 자기표현이 강한 사람은 아니다. 자기 선호나 기호를 당당하게 표현해도 된다고 독려받은 경험이 많지 않기 때문이다. J를 둘러싼 환경은 승패가 분명하고, 논리를 따진다. 선택에도 이유가 있어야 한다. 그러다 보니 '나는 어떤 것을 좋아한다'는 단순 기호, '저 사람은 저런가 보군'과 같은 단순 인정에 다소 서툴다. 그런 J는 회사에서 세계관을 넓힌다. 단순 기호, 단순 인정에 강한 사람들과 만나고, 대화하고, 서로 배운다. 자기를 둘러싸고 있는 세계를 버리지 않고, 다른 세계와의 접속법을 배우는 것이다. 자기만의 세계로 파고드는 시간을 소중히 여기는 만큼 다른 사람과 체계를 맞춰가고 균형을 잡아간다. 플렉시블 워킹이 아니었다면 J의 개인사와 일을 대하는 태도, 업무 노하우까지 들을 수는

없었을 것이다.

플렉시블 워킹은 개인의 독특함을 껴안을 수 있는 제도다. 창의적인 일을 하는 조직에 비슷비슷한 사람이 여럿일 필요는 없다. J는 '독특함'이라는 특성으로 조직 내에서 '귀함'이라는 가치를 얻었다. J는 독특한 만큼, 바로 그만큼 귀한 존재다.

매드 사이언티스트, J의 꿀팁

∘ 일은 일처럼 한다. 효율화된 프로세스를 짜고
　가능한 한 이를 지킨다.
∘ 목적에 따라 공간을 활용한다.
　숙고의 공간, 협업의 공간, 커뮤니케이션 공간 등
　목적에 따라 공간을 정해두면 효율이 올라간다.
∘ 소셜라이징에 너무 애쓰지 않는다.
　감당할 수 없을 만큼 애쓰다 나가떨어지는 것보다
　최소한으로 유지하는 편이 낫다.

내성적이고 예민한 이들을 위한
플렉시블 워킹

Z의 일하는 태도는 로봇에 가깝다. 스스로도 자신을 로봇이라 생각하려고 한다. 하지만 효율 추구형은 아니다. 로봇이라고 생각하는 것은 문제에 갇히지 않기 위한 노하우다. 해결되지 않는 문제를 오래 품고 다니는 사람이다 보니 일에서만큼은 잘 맺고 끊으려고 노력하는 것이다. 일단 앉고, 정확하게 시간을 지켜서 시작하고 퇴근하고, 정해놓은 시간 동안 일하고, 생각의 갈래가 많아지면 질문으로 좁히고, 질문이 많아지면 하나로 집중하려고 노력한다. Z의 결과물을 보면 과정의 고군분투는 조금도 느껴지지 않는다. 한 치의 오차도 없이 잘

재단되고 바느질되어 있어 처음부터 계획한 대로 한 방에 죽 만들었을 것만 같다.

짧지 않은 시간 동안 노력한 결과, Z는 로봇처럼 일하는 데 성공했다. 그런데 이 로봇은 반드시 환기가 필요하다. 짧은 환기는 맛있는 걸 먹는 것이고 긴 환기는 여행이다. Z는 1년 단위로 여행 플랜을 짜고, 매년 비교적 길게 해외여행을 다녀온다. 세게 일하고 세게 노는 편이다. 현재까지는 로봇처럼 일하고 로봇을 환기시키고 다시 로봇화되어 일하는 프로세스가 잘 유지되고 있다. 로봇의 성능도 훌륭하다.

업무는 로봇처럼 한다면, 관계는 어떨까? Z를 대표하는 언어는 감感이다. 같은 현상을 보고 어떤 이는 욕구와 니즈로, 어떤 이는 행동과 습관으로, 어떤 이는 감정과 감수성으로 이해하는데, 세 번째 어떤 이의 대표주자가 Z다. Z는 상대방의 반응에 예민하다. 저 사람이 어떻게 하고 있는지 어떤 상태인지 다 느껴진다. 하지만 일일이 반응하지 않으려고 노력한다. 다른 사람의 상태를 파악하는 능력이 스스로도 과하다고 여기기 때문이다. 플렉시블 워킹으로 모든 구성원을 계속 안 봐도 돼서 Z는 한결 편안해졌다.

"예민함을 들키지 않으려고 노력해요. 맞아요, 노력하고 있어요. 너무 예민해지지 않으려고 노력해요."

Z는 되도록 감정을 섞지 않으려 한다. 감정을 섞으면 에너지 소비가 너무 커서, 거리감을 유지하려 애쓰는 것이다. 그래서 일터에서는 친구도 사귀지 않는다. 충분히 친구가 될 만한 사이인 걸 알지만 사람에게 마음을 쓰지 않도록 노력한다. 구성원이 조직을 떠날 때 본인이 해결할 수 없음에도 불구하고 나갔다는 사실, 나간 이유, 붙잡을 수 없었을까 하는 생각이 꼬리에 꼬리를 물어 일부러 모른 척하게 되었다. 다른 사람의 삶이라고 스스로에게 타이른다.

어찌 보면 Z의 인생은 내성적 인간의 고군분투기라 할 수 있다. 어려서부터 내성적이라는 말을 많이 들었다. 누구를 걱정시키는 게 싫었고, 누구를 신경 쓰게 하는 게 싫었다. 알아도 모르는 척했다. 스스로를 업무봇으로 만든 것도 내성적 인간의 적응 방식이다. 회사는 감각이 섬세하고 예민한 사람에게 너그럽지 않다. 아이러니하지만 업무상의 예민함은 요구한다. Z의 업무인 데이터 분석은 섬세함과 대범함을 동시에 지녀야 하는 일이다. 데이터가 함의하는 미시적인 섬세함을 놓치지 않으면서도 큰 그림을 그릴 수 있어야 하고, 큰 그림에 그치지 않고 디테일한 이야기도 해야 한다. Z는 인간적 예민함은 혼자서 감내하고, 업무적 예민함은 조직과 공유했다.

인터뷰하면서 나는 Z에게 미안한 마음이 들었다. 조직은 Z의 업무적 명민함은 취하고, Z의 예민한 마음은 등한시했다. '공과 사를 구분하자'는 말은 합리적으로 보이지만 사실은 분리할 수 없는 공과 사를 구분하는 척하고, 업무에 방해되는 것들은 사적인 영역으로 간주하여 받아주지 않겠다는 뜻이다. 공과 사를 구분하기도 어렵지만 설령 구분된다 하더라도 공은 사가 수행하는 것이다. 육아하는 부모와 일하려면 그 사람이 육아에 애쓰고 있다는 사실을 감안하고 조율해야 한다. 상대의 감정을 신경 쓰는 사람과 일할 때는 상대도 마찬가지로 신경 써야 한다. 그것이 로봇이 아닌 인간의 특성이다.

감성 풍부한 내성적 인간, Z의 꿀팁

◦ 플렉시블 워킹 방식은 예민한 내성적 인간이 직장생활을 오래할 수 있게 하는 데 유리한 제도다.

이런 유형이라면 플렉시블 워킹 방식을 조직에 전파하거나 그런 조직을 찾아 나서라.

- 플렉시블 워킹 방식으로 번아웃이 오지 않도록 주의한다. 생각을 질문으로 정의하고, 질문의 개수를 줄여 해결 가능한 과제로 만들고, '최대 O시간 넘게 고민하지 않는다'와 같이 과제 해결 시간을 정한다.
- 자신을 프로그래밍한다. (예: 마감봇 모드-무조건 O시까지 끝낸다, 피해봇 모드-OO씨는 무조건 피한다, 환기봇 모드-O월 O일 아무 생각 없이 쉰다.)

완벽주의 팀장이 기준을 조율하는 법

L은 우리 조직의 재택근무 1호 직원이다. 임신 중 입덧이 너무 심해 이동수단을 전혀 탈 수 없었다. 그래서 플렉시블 워킹 제도 시행은커녕 그 이름조차 들어본 적 없을 때부터 나홀로 재택근무를 실시했다.

L은 처음부터 플렉시블 워킹을 잘했다. 스스로 결정할 수 있는 자유를 높이 사고, 스스로의 기준이 높고 자기 단속이 철저한 사람은 나홀로 근무가 전혀 문제 되지 않는다. 우리 조직이 플렉시블 워킹 제도를 시작할 때 L의 실천 가이드는 큰 도움이 되었다. 아침을 일찍 시작한다, 목욕하고 산책하고 업

무를 시작한다, 자기만의 업무 프로세스를 만든다, 집과 도서 관과 카페를 오가며 업무시간을 몇 개의 블록으로 나눈다, 일 이 정말 바쁠 때는 도서관에서 고시생처럼 일한다, 환기 요소 를 하나 정도 만든다(좋아하는 카페에 가거나, 배달 음식을 신중히 고르거나, 외근을 기대하거나)와 같은 구체적인 방법론을 알려준 것이 그다. 10년이 지났지만 여전히 플렉시블 워킹의 교과서 같은 매뉴얼이다.

그런데 문제가 생기기 시작했다. 시간이 지나면서 L의 라 이프 스테이지가 달라지고 회사 내 포지셔닝도 바뀌었다. L의 아기도 자랐고 L의 팀원도 많아졌다. L 역시 엄마로서 리더로 서 성장하지 않으면 안 되었다.

L은 스스로에게 철저하고 기준이 높은 만큼 다른 사람에게 도 기준이 높다. 그런데 L이 컨트롤할 수 없고 이맛살을 찌푸 리게 만드는 일들이 생기기 시작했다. 프로젝트가 끝나지 않 았는데 팀원이 휴가를 붙여 쓰는 것도 마음이 불편하고, 이때 까지는 일이 끝나야 할 것 같은데 아무 소식이 없는 것도 불 편하고, 팀원이 준비 없이 미팅에 참석하는 것도 불편하고, 이런 걸 일일이 말해야 하나 갈등하는 그 자체도 불편하다. L 은 휴가 중에도 이메일을 확인하고 다음 날 새벽 6시에 일어

나서 답장을 쓰는 사람이다. 스스로를 너무 옭아매지 말자고 과로하지 말자고 다짐하는 한편, 스스로를 너무 옭아매지 않는 이들을 받아들여야 하는 전혀 다른 방향의 과제를 안게 된 것이다. 현재 L은 자기 기준과 팀원의 기준을 잘 조율해서 좋은 결과물을 만드는 것이 본인의 역할임을 인식하고 있다.

플렉시블 워킹을 처음부터 잘했던 L은 의외로 성장형 캐릭터다. L은 완벽형 인간에서 완성형 인간이 되는 여정에 있다. 어려서부터 기대를 많이 받고 자랐고 기대에 부응하는 데 부족함이 없었는데 그 사실이 오히려 부족함이 됐다. 기대에 부응하지 않는 사람을 받아들여야 하는 것이 높은 기대에 부응하는 것보다 더 어려운 목표가 된 셈이다.

L은 플렉시블 워킹을 너무 잘하는 사람의 고충을 대변한다. 나만 잘하면 되는 게 아니구나, 조율이 중요하구나, 조율하기 위해서는 대화해야 하는구나, 대화를 위해서는 나를 표현해야 하는구나, 나를 표현하는 것이 나에게는 쉽지 않구나 하는 것들을 깨달아가고 있다. L은 사소한 기호를 말하는 데 익숙하지 않다. '이거 싫어한다, 좋아한다', '나는 현재 이러하다, 저러하다'와 같은 말을 하기에 앞서 다른 사람이 본인을 어떻게 생각할까 하는 평가 기제가 발동하기 때문이다. L은 그만

큼 평가에 민감하다(물론 나쁜 건 아니다. 그것이 L의 실력을 올리는 원동력이 되었다). 이제 L은 평가 기제를 잠시 내려놓고 본인이 엄격한 기준을 가진 사람임을 팀 구성원들에게 털어놓는 법을 배우고 있다.

L이 스스로를 알아가는 동안 팀원들도 팀장 L의 스타일을 알아가고 있다. 팀원이 말하는 L은 이렇다. "자세히 모든 걸 보는 것을 좋아하고, 확고하게 가고자 하는 방향이 있으니 중간 피드백을 많이 받아야 한다. 100% 완성해서 보고했는데 맞지 않는 방향이면 매우 곤란하다. 대면 미팅이 아니어도 되니 메신저나 화상회의로 중간보고를 많이 하고 앞으로 무엇을 할 거라고 예고도 해야 한다. 그래야 겹치지 않게 일할 수 있다. 피드백도 빨리 주시고 잘했다면 짝짝짝 칭찬도 잘해주시니 혼자 끙끙거리지 말고 믿고 따라가면 된다."

플렉시블 워킹은 조율의 연속이다. 스스로도 출근할지 말지, 어디서 일할지, 하던 일을 오늘 끝낼지 말지 조율해야 하고, 다른 팀원과도 만날지 말지, 어떤 방식으로 만날지, 언제 만날지 조율해야 한다. 자기표현을 잘하는 사람은 각자 원하는 바를 명확히 말하고 조율하자고 하기가 쉽다. 하지만 모두가 자기표현을 잘하는 건 아니다. 특히 제안을 받는 사람이 그럴 가능성이 높다. 회사에서는 리더의 방식을 구성원이 따른다는 암묵적 규칙이 있다. 그렇기에 팀 리더는 자신의 성향을 더 잘 알아야 하고 자신의 성향이 어떠한지 미리 공표해야 한다. 그리고 언제든 다른 방식으로 조율할 수 있어야 한다.

성장하는 리더, L의 꿀팁

- 실무자에게 완벽함을 기대하지 않는다. 실무자에게 원하는 바를 명확히 하고 아쉬운 부분은 스스로 채운다.
- 본인의 기준이 남과 다름을 인정한다. 어떻게 생각하는지 물어볼 수 있는 후배 멘토를 두는 것이 좋다.
- 리더의 역할을 배우는 중이라고 생각한다. 어떻게 하는 게 좋을지 상의할 수 있는 선배 멘토를 두는 것이 좋다.

워킹맘 스테이지를 유연하게 지나려면

B는 우리 조직에서 회사를 가장 오래 다닌 사람이다. 플렉시블 워킹 시행 전 10년 이상 근무했고, 시행 후에도 10년 가까이 근무 중이다.

B의 회사생활은 3단계로 나뉜다. 맨 처음은 '완전 회사 귀신 단계'였다. 매일 야근 혹은 밤샘을 하고도 다음 날 9시 전에는 반드시 출근하고, 주중도 모자라 주말에도 출근해 배달음식과 함께 〈무한도전〉을 보며 또 다른 보고서를 마감하고 월요일에 또 출근하는, 워라밸을 계산할 필요도 없이 일(work)이 95%, 생활(life)이 5%쯤 되는 세상을 살았다. 사명감, 의무

감, 일 욕심에 사로잡혀 그만둘 생각조차 할 수 없던 시절이었다.

그다음은 플렉시블 워킹 적응 단계. 어느 날 회사에서 플렉시블 워킹을 시행하겠다고 선언했다. 본인과는 상관없다고 생각했으나 제도가 안착되면서 해를 거듭할수록 일에 대한 조급함이 사그라들고, 비즈니스도 자리를 잡아서 마음도 조금은 여유로워졌다. 다른 동료들처럼 필요할 땐 재택근무도 하고, 플렉시블하게 하루를 써보기도 했다. 여전히 남들보다는 바쁘지만 과거에 비해서는 생활이 훨씬 좋아져(work 70, life 30) 스스로 만족했던 시절이다.

마지막은 워킹맘 단계다. 어느 날 문득 '결혼을 해볼까?' 했고 그때 마침 나타난 남자와 초고속 결혼식을 올리고, 임신과 출산까지 쭉쭉 이어졌다. 9개월의 출산 휴가와 육아 휴직을 마치고 빠르게 업무에 복귀했다. 그리고 본격적인 워킹맘 생활로 들어가면서 파란만장 플렉시블 워킹을 시작했다. 스스로가 일의 비중을 70% 이하로 떨어뜨릴 수 없는 사람임을 인정하고, 생활을 70%로 끌어올려 140%라는 초인적인 삶을 사는 중이다.

B는 보이는 게 많은 사람이다. '다이어트 시작한 A의 말투

가 점점 거칠어지고 있군', 'C가 D를 불편해하네? D는 아무렇지도 않은 것 같은데', 'E는 F를 못마땅해하더니 작년부터 서서히 풀렸네' 등 사람들 관계와 사람의 상태를 잘 파악한다. 특별히 살피지 않아도 자연스럽게 보인다. 그런 B가 육아를 시작하면서 특별히 신경 써야 하는 사람들이 늘었다. 그래서 B는 최대한 일의 변수를 줄이고 단순화하려고 노력한다. 재택근무를 하면 아이 우는 소리, 친정 엄마가 힘들어하는 모습, 놀아주길 바라는 아이가 눈에 밟혀, 매일 9~6시 회사 나오는 것을 본인에게 맞는 최적의 플렉시블 워킹으로 정했다. 부득이한 상황에만 시간과 장소를 선택하여 근무하고 평소에는 무조건 회사에 나온다. 회사에 나오면 다른 사람과 접촉이 적은 지하 1층 구석에 자리를 잡고, 회의실도 맨 안쪽을 잡는다. 팀원과 함께 일할 때는 처음부터 분담하고 팀원이 하기로 한 일은 전적으로 위임한다. 커뮤니케이션도 가능하면 단계를 줄이고 한 번에 다 같이 만난다. 시간에 맞춰 일하고 6시에 정확히 퇴근한다. B는 성향상 일을 적게 하는 것이 어렵지만, 멈추고 나누려고 노력 중이다.

사람의 성향은 변함이 없지만 사람을 둘러싼 상황은 계속 바뀐다. 시대가 변하고, 회사 제도가 바뀌고, 라이프 스테이지가 달라진다. 없던 사람이 태어나서 방긋방긋 웃고, 울고, 걷기 시작한다. 어느 날 시작한 육아는 어느 날 끝날 것이다. 그 대신 나이 듦이 다가오고, 외부의 폭풍이 몰아치거나 반대로 잔잔하다 못해 참을 수 없는 권태가 찾아올 수도 있다. 환경은 변한다. 그에 맞게 일하는 방식을 플렉시블하게 바꿀 수 있어야 한다. 우리는 그 연습을 미리 하고 있는 것이다. 환경에 나를 끼워 맞추는 것이 아니라 변화하는 환경과 나의 균형을 맞춰가는 것이다.

일잘러 워킹맘, B의 꿀팁

◦ 워크와 라이프의 변수의 합을 맞춰라.

　라이프의 변수가 많으면 워크의 변수를 최대한 줄인다.

◦ 육아맘은 꼭 필요한 경우를 제외하고는

　루틴을 따르는 것이 좋다.

◦ 일에 대한 애정과 욕심이 큰 사람이 있다.

　다른 사람과 비교하지 말고 본인의 과거와 비교하여

　워크-라이프 균형을 맞춰가는 것을 목표로 삼아라.

갓생러가 플렉시블하게 일하는 방식

K는 1990년대 후반생으로 얼마 전까지 우리 조직의 막내였다. 연령과 연차로만 보면 이른바 'MZ세대'지만 K의 행보는 MZ에 대한 고정관념과 정반대다. K는 SNS를 하지 않는다. 본인을 드러내는 걸 좋아하지 않는다. 아나운서 시험을 준비하다가 얼굴이 알려지는 것에 스트레스 받는 성향임을 깨닫고 바로 그만두었다. K는 업무시간을 철저히 지킨다. 점심시간 중 은행 업무를 50분 보았다면 점심은 10분 만에 끝낸다. 재택근무를 하더라도 9시에 시작하고 6시에 끝낸다. 중간에 업무 이외의 다른 일은 전혀 하지 않는다. 일이 없을 때는 파일

을 정리하거나 일과 관련된 보고서를 읽는다. K는 원칙주의자도 아니고 '파워 J'(철저한 계획형 인간)도 아니다. 저녁 시간을 선호하는 사람과 함께 일해야 한다면 6시 이후에 근무해도 괜찮고, 갑자기 미팅이 생겨 내일 당장 출근을 해야 해도 무방하다. 항상 애플워치를 차고 30분마다 울리는 알람에 맞춰 생활하고 있지만, 계획이 틀어진다고 불편해하지는 않는다. 돌발 이벤트를 좋아하고, 갑작스러운 미팅으로 사람을 만나면 오히려 반갑다.

K는 플렉시블 워킹 이전부터 갓생러였다. 주말에도 아침 7시에 일어나고 학생 때부터 지금까지 아침 운동을 거르지 않았다. 부모님도 원칙과 규칙을 중요하게 여기는 분들이어서 어려서부터 집안 분위기가 그러했다. 규칙은 K에게 생활을 안정시키는 틀이다. 플렉시블 워킹에서도 K는 9~6시라는 틀을 유지한 채 그 안에서 자유를 누린다. 다른 사람이 세워준 9~6시 말고 내가 정한 시간표에 따라 움직이며, 중간에 청소기를 돌리며 쉰다거나, 집중이 안 될 때 잠시 커피를 마신다.

K의 또 다른 특징은 건강이 좋지 않다는 것이다. 젊은 사람은 건강하고 활기차고 소화력도 왕성하리라는 것 역시 고정관념이다. K가 30분마다 알람이 울리도록 해놓고 스트레칭이

라도 하는 것은 어깨가 좋지 않기 때문이다. 일찍 일어나서 운동을 하고 아침, 점심, 저녁을 거르지 않고 챙겨 먹으려는 것은 속이 안 좋기 때문이다. 체력이 약하고 면역력도 약하고 소화력도 좋지 않은 K는 어려서부터 자기만의 시스템을 갖추어 잘 지키며 살고 있다. 학회, 동아리, 대학생 기자단, 엔터테인먼트사, 언론사에 이르는 K의 왕성한 이력은 본인의 체력을 잘 안배하고 생활 규칙을 잘 지킨 덕분에 가능했다. 시도 때도 없이 야근하고 술과 고기로 꽉꽉 채워진 회식을 하며 버티는 곳이 회사라고 여겨지던 때였다면 K는 직장생활을 하기가 어려웠을 것이다. 그보다 나은 시절이어서 우리는 K와 함께 일할 수 있다.

설레게 하는 것이 무엇이냐는 질문에 K는 한참 뒤 "특별히 없는 것 같아요. 산책? 길 걸으면서 지나가는 사람 구경하는 것? 광화문 가서 혼자 걸어 다니는 것? 그 정도예요"라고 대답했다. 화나게 하는 것을 물었을 때도 한참 뒤에 돌아온 답이 "특별히 없어요"였다.

SNS를 하지 않는 90년대생, 9~6시 원칙을 지키는 신입사원, 막내 같지 않은 막내. K는 우리에게 젊음에 대한 고정관념을 되돌아보라고 가르친다. 사람은 모두 다르다. 특히 타자화

된 언어로 만들어진 프레임은 사람을 이해하는 데 없느니만
못하다.

원조 갓생러, K의 꿀팁

- 플렉시블 워킹 제도에서 갓생러처럼 살고 싶다면

  규칙적인 기상, 아침 운동, 아침 식사가 기본이다.

- 본인이 계획적이라고 생각하지 않는다면

  9~6시라는 틀 안에서 30분 단위로 시간을 조직한다.

- 플렉시블 워킹 제도에서는 계획이 틀어지는 것이 당연하다.

  계획 변경을 이벤트로 여기고 즐겨라.

플렉시블 워킹이 야행성 인간에게 준 자유와 과제

C는 아침 일찍 일어나 어딘가를 가야 하는 삶을 평생 살아왔음에도 여전히 그게 잘 안 되는 사람이다. 초등학교 1학년 때부터 어림잡아도 30년 이상을 아침에 일어나 대략 9시에 일상을 시작했는데 말이다. 몇 년 전까지 9~6시 회사를 다녔는데 그게 너무 힘들었다. C는 9시에 반드시 업무를 시작하지 않아도 된다는 사실, 8시 30분까지 누워 있다가 9시에 바로 일을 시작할 수 있다는 사실, 신발을 신지 않고 하루를 시작할 수 있다는 사실만으로도 플렉시블 워킹이 너무 좋다.

C의 주된 기억은 시간 부적응과 관련된 것들이다. 초등학

교 입학 전 어머니는 늘 "C야, 우리 1시간 안에 밥을 먹자"라고 말씀하셨다. 초등학교 3학년 때 처음으로 학교에서 도시락을 먹었는데, 시간 내에 밥을 다 먹기가 힘들었다. 선생님은 C에게 무슨 문제가 있는 것은 아닌지 걱정하셨다. 고등학교 때는 셔틀버스를 타고 1시간 가야 하는 학교를 다녔는데 아침엔 늘 눈썹 휘날리게 뛰었다. 셔틀버스를 어떻게 타고 다녔는지 지금 생각해도 신기할 정도다. 대학교 때는 밤 11시부터 공부를 시작해서 새벽 4~5시까지 했다. 일부러 저녁 시간에 잠을 자고 밤 12시부터 집중해서 하기도 했다. C는 아무도 방해하지 않는 고요한 시간에 집중이 가장 잘되었다. 그 사실은 지금도 변함이 없다.

직장은 내 리듬대로 시작하고 끝낼 수 없는 곳이다. C의 첫 회사는 업무량이 너무 많아서 낮에 일하고 밤을 새우고도 다음 날 출근해야 하는 곳이었다. 은행 업무는 물론이요 사적 시간 자체가 전혀 없었다. 지금도 마감 때 밤새워 일하는 것은 같지만 오전에 느긋이 업무를 시작하거나, 낮에 개인 일을 보거나, 최고 집중 시간을 밤으로 설정할 수 있는 자유가 있어 초등학교 입학 이후 가장 행복한 시간표를 영위하고 있다. C는 스트레스 푸는 용도로 요리를 한다. 정성 들여 요리하고 밥

상을 차리고 천천히 먹고 때로 김치도 담근다. 사회생활을 하면서 초등학교 때보다는 빨리 먹을 수 있게 되었지만 그래도 C의 식사 속도는 '느리게'에 가깝다.

C는 하루 종일 신발 한 번 안 신는 프로 집순이다. 집순이 중에는 집에 있으면서 집밖을 계속 들락거리는 사람이 있는데, C는 집 안에서 자리도 바꾸지 않고 똑같은 자세로 앉아 있기를 좋아한다. 2시부터 7시까지 화장실 한 번 안 가고 같은 자세로 일할 수 있다. 코로나19 때 회사를 나갈 수 없어 C는 오히려 좋았다. 꾸미는 걸 좋아하기는커녕 씻고 옷 차려입는 게 되레 일이었으니까. 가만 놔두면 평생 집에서 안 나갈 수도 있을 것 같다. 정말로 코로나 때 거의 외출하지 않았고 그러다 보니 두 달 뒤에는 말을 더듬을 정도였다. 최소한의 사회생활은 필요하다는 것을 절실히 깨닫고 지금은 일주일에 한 번은 나가려고 노력한다.

요즘 C의 고민은 온전히 집중할 시간을 찾아내는 것이다. 체력이 예전 같지 않아서 밤에 일하고 낮에도 하루 종일 연락하거나 연락 대기 상태로 있기가 이제 힘들다. 그래서 체력이 감당할 수 있는, 온전히 집중할 수 있는 시간을 찾으려 한다. 긴 시간이 아니라 작은 단위의 시간에 집중해보려고도 한다.

이것이 C가 스스로 정한 과제다. 아마 C는 스스로 찾아낼 것이다.

C에게는 집중하면 끝내주게 할 수 있다는 믿음이 있기에 느림이 문제 되지 않는지도 모른다. 실제로 C가 다른 시간 감각을 가졌음에도, 우리 조직은 C의 덕을 많이 본다. C의 차분함, 탁월한 언어 능력, 디자인 감각은 늘 빛을 발한다. 신입사원은 C의 부드러운 매너와 꼼꼼한 피드백 때문에 C와 일하는 것을 선호한다. C에게는 상세히 물어보기가 좋다. C는 초심자에게 편안한 과외 선생님이다.

한국인의 DNA라고도 하는 빨리빨리 문화는 그동안 C를 얼마나 몰아쳤을까? 학창 시절, 직장생활 어느 하나 C의 속도대로 흘러가는 일상은 없었을 것이다. 밥 한 끼를 먹는 데도 속도는 휘몰아쳤다. 식당에 들어가기가 무섭게 주문을 하고 밥이 나오고 같은 속도로 빨리 먹고 빨리 나와야 했다. 지금은 기다려서 들어가고, 천천히 주문하고, 주문할 때 알레르기가 있는지도 확인하고, 천천히 서빙되고, 천천히 먹고 천천히 나올 수 있다. 사회가 변하고 속도도 변한다. 취향이 존중되어야 하는 만큼 개인의 속도도 존중되어야 한다.

속도가 남다른 평생 야행성, C의 꿀팁

○ 한 가지는 내 속도대로 할 수 있는 활동을 정한다.

　특정한 업무, 요리, 식사, 청소, 무엇이라도 괜찮다.

○ 온전히 집중할 수 있는 시간을 꼭 늦은 밤으로 정할 필요는 없다.

　점심 시간, 저녁 시간, 자투리 시간 등에서 찾고

　체력 안배에도 신경 쓰자.

○ 집중이 안 될 때는 과감하게 접고 알람 맞춰 놓고 드러눕는다.

　이후에 더 하면 된다.

40대 기혼 유자녀 남성의 플렉시블 워킹

본인에 대해 말해달라고 했을 때 P는 자신을 '40대 기혼 유자녀 남성'이라고 표현했다. 본인을 둘러싼 사실 말고 본인의 성향을 추가로 말해줄 수 있느냐고 요청하자 주말과 주중이 분리된 사람, 주중에는 직장인, 주말에는 게으른 사람이라고 말했다. P는 '고양이형 인간'이라거나 '불안한 유목민' 등의 비유적 표현을 쓰지 않았다. 40대, 기혼, 유자녀, 남성이라는 인구통계학적 사실이 P의 직장생활에서 가장 중요한 변수로 작용했다. 어떤 음악을 좋아하는지, 취미가 무엇인지, 어떤 축구팀을 좋아하는지는 P의 직장생활에 거의 영향을 미치지 않았다. 이것이 P가 생각하는 직장 윤리다.

자칭 '아저씨'에게 플렉시블 워킹이란 방해 요소 제거와의 싸움인데, 못하는 것이 아니라 안 하는 것에 가깝다. 재택근무의 방해 요소는 자녀 등하교 시간의 어수선함, 자녀의 방학 등이다. 아내는 근무시간을 방해하지 않지만 자녀에게는 그저 아빠가 집에 있는 날일 뿐이다. 이럴 바에는 회사에서 집중하여 일하는 편이 낫다.

집에서 근무하게 되더라도 집 근처 카페에서 일한다. 집 근처의 일하기 좋은 카페 리스트업은 필수다. 하지만 대부분은 회사로 출근한다. 주중 루틴은 거의 정해져 있는데 7시 기상, 9시 출근, 6시 퇴근이다. 주중에는 아침형 인간이자 루틴형 인간, 정해진 시간 내에 제대로 일을 끝내야 한다는 강박의 소유자다. 그런 P에게 회사는 최적의 공간이다. 회사에서 직접 처리해야 하는 업무도 많은 데다, 급한 업무는 회사에서 하는 게 훨씬 능률적이다. 회사의 대형 모니터가 주는 편안함도 있다. 그래서 P의 플렉시블 워킹은 회사로 정착되었다. 온전히 업무에 집중할 수 있는 환경을 찾아 플렉시블 워킹을 하는 마음으로 회사로 출근한다. 회사에 정시 출근해야 하는 마음과는 분명 다르다. 플렉시블하게 워킹하러 회사에 가는 것이다.

　P의 과제는 다른 사람들의 플렉시블 워킹을 이해하는 것이다. P는 '직장은 이러해야 한다, 직장인은 이렇게 행동해야 한다'는 인식이 다른 직원과 다르다. 플렉시블 워킹 조직에서 직장생활을 시작한 신입사원은 근무시간 중에 자유롭게 회사를 들고 난다. 그런 이들이 P의 인식에는 낯설다. 신입사원 역시 같은 자리를 쭉 지키고 있는 P가 낯설다. 자신의 생각을 바꿀 수는 없지만, P는 다른 사람이 자신과 다르게 생각한다는 것을 배워가고 실천하는 중이다. 프로젝트 초기에 업무 분담을 확실히 하고, 타인이 할 일과 자신이 해야 할 일을 구분한다. 본인이 하기로 한 일은 최대한 효율적으로 하는 것을 목표로 삼는다. 다만 다른 사람과 함께 일할 때, 본인이 선호하는 방식은 회사에서 근무시간 내에 하는 것이라고 분명히 밝힌다.

　플렉시블 워킹은 너와 내가 다른 방식으로 일하는 것이지 재택근무를 많이 하거나 리모트 워크를 많이 하는 것이 아니다. 회사에 출근해 9~6시 근무하는 것도 엄연히 플렉시블 워킹의 한 방식이다. 누구에게나 패턴이 있다. 누구는 회사에 나오면 2층 큰 테이블 구석자리에 앉는다. 누구는 4층 문 앞 자리를 선호한다. 본인이 선호하는지조차 인지하지 못하지만 그 사람은 거기에 앉아 있다.

플렉시블 워킹에서 '다름'은 종종 '바름'으로 들린다.

40대 기혼 유자녀 남성, P의 꿀팁

○ 한국의 기혼 유자녀 남성이 집에서 집중할 만한 자기 공간을
찾기는 현실적으로 어렵다. 집 근처 카페를 이용하거나
회사에서 일하는 것도 방법이다.

○ 20년 이상 직장인으로 살아온 사람은 회사가 최적의 장소이다.
단, 다른 사람에게는 그렇지 않을 수 있음을 잊지 않는다.
마음으로 받아들여지지 않으면 그냥 외운다.

○ 다른 팀원과 미팅 장소를 정할 때, '나는 회사에서 대면 미팅이
편하다'고 분명히 말한다. 단, 나의 의견은 다른 팀원들과
마찬가지로 '한 표'임을 잊지 말자.

원칙주의 직장인이 자유로운 동료들과 잘 지내는 법

A의 키워드는 '로그log'다. 일지, 기록. A는 매일 아침 9시 다이어리에 투두리스트를 작성하는 것으로 하루를 시작한다. 연간 다이어리 몇 권이 쌓이도록 이 습관은 유지되고 있다. A는 성실한 블로거이기도 하다. 신입사원 때는 매일의 회사생활을 기록했고, 연차가 쌓인 뒤에는 회사 워크숍 이야기를 특집으로 썼다. 재택근무 때마다 해 먹는 애플 루꼴라 샌드위치가 어떻게 업그레이드되는지 진화 과정을 기록하기도 했다.

A는 섬사람이다. 그 섬은 눈이 많이 와서 겨울이면 학교에 못 가는 날이 많았는데 A는 그런 날에도 기어이 학교에 가서

선생님들을 놀라게 했다. A에게는 규칙이 필요하다. A는 통제 속에 살아야 덜 불안하다. 고향에 가서 재택근무를 하는 날에도 외출할 사람처럼 세수하고 옷 입고 준비를 해서 엄마를 놀라게 하기도 했다. 업무시간 중간에 개인 일을 하는 게 플렉시블 워킹의 큰 장점이라고 생각하는 사람도 있지만, A는 점심시간을 활용할 뿐 결코 업무시간을 쓰지 않는다.

A는 플렉시블 워킹 방식으로 직장생활을 시작했지만, 본인은 전형적인 직장형 인간이라고 생각한다. 사업을 하거나 프리랜서로 살기는 앞으로도 어려울 것 같다. A가 생각하는 직장인은 주어진 시간에 미루지 않고 일을 처리하는 것이다. 주말에 일하거나 야근하는 것은 좋은 직장인의 자세가 아니다.

입사 이래 거의 유사한 방식으로 일하고 있는 A가 지루해하지 않는 방법이 있다. 스스로에게 연구 과제를 부여하는 것이다. 최근 A의 연구 과제는 '요리', 그중에서도 한 가지 재료를 이용한 요리다. 일명 '음식물 안 버리는 1인 가구 요리 연구'다. 1인 가구는 양배추 하나도 처리하기가 쉽지 않다. 그래서 구입한 재료를 상하지 않게 다 사용할 수 있는 요리를 연구하기 시작했고, 현재까지의 실험 결과 샌드위치가 제격이라는 결론을 얻었다. 재료를 응용하기 좋고 질리지 않고 만드는 데 크게 어렵지도 않다.

본인 생활에서도 끊임없이 실험을 하는 A는 일에서도 도전 정신이 강하다. 게다가 성실해서 누구에게나 인기다. 프로젝트 매니저마다 A를 선호하고, TF팀도 A와 함께하고 싶어 한다. A는 자신의 흥미를 끄는 일은 대부분 거절하지 않고 하는 편이다. 그러다 보면 일이 많아질 수도 있어서 이 일을 정말 하고 싶어서 했는지, 이 일을 맡아서 억울한 감정이 들지는 않을지, 근무시간 이상을 요구하는 일은 아닌지 등을 잘 살피고, 억울한 마음이 쌓이지 않도록 주의한다.

A와 같은 타고난 원칙주의 직장형 인간이 상대적으로 자유로운 동료들과 잘 지낼 수 있을까? 우연인지 운명인지 A의 동기들은 모두 자유로운 인간형이다. 동기끼리 점심 식사를 하고 카페에 갔을 때도 '1시니까 들어가자' 대 '굳이 그럴 필요가 있냐'로 의견이 나뉜다. 이와 같은 불일치를 어떻게 바라볼 것인지가 중요하다. 나에게 없는 점을 저 친구가 갖고 있다고 여기면 배움의 관계가 되고, 저 친구의 가치관이 잘못되었다고 생각하면 멀어지는 관계가 된다. A는 "동기들을 만나면 저도 좀 풀어지는 것 같아요. 저렇게 생각할 수도 있구나 하고 배웁니다"라고 말한다. 다른 가치관을 지녔지만 동기들은 원칙

주의자 A에게 도움이 된다. 동기들과는 회사 경험이 유사하고 라이프 스테이지도 비슷하다. 그래서 회사생활이 재미없다고 느낄 때 고민을 나눌 수 있고, 신입사원들이 고민에 싸여 있는 것 같으면 우리가 막내 지킴이를 할 때가 되었다고 동기들과 이야기할 수도 있다.

한편 자유로운 영혼에 속하는 동기 B는 A를 통해 규칙과 계획을 배운다. A는 B와 같은 팀이 되면서 '팀 회의에서 저런 고민도 털어놓을 수 있구나'를 배운다. 배운다고 생각하면 다른 것은 문제가 되지 않는다. 상하관계의 배움은 스킬이 되고 동기간의 배움은 우정이 된다. 키가 다른 풀들을 같은 크기로 깎지 않고 조화롭게 구성하면 어울림과 다양함 모두를 경험할 수 있다. 다양한 식물이 있는 화단은 봄의 모습이 다르고 가을의 모습이 다르다. 해 질 녘과 해 뜰 때가 다르다. 플렉시블 워킹은 한 화단에 다양한 식물을 품는 것에 비유할 수 있다. 다만 다른 식물의 뿌리를 질식시키는 잡초나 번식력이 너무 강한 야생화까지 수용할 수는 없다. 화단에 심을 식물은 신중하게 선별해야 하고 다른 식물에 너무 큰 악영향을 미치는 것은 바로 뽑아야 한다.

원칙주의 직장형 인간, A의 꿀팁

○ 플렉시블 워킹 제도에서 원칙주의 직장형 인간은

  일을 많이 하게 되기 쉽다. 이에 대해 억울함이

  쌓이지 않는지 살피고, 억울하다면 해당 일을 멈춘다.

○ 자유주의 직장 동료와 주기적으로 대화한다.

  원칙주의의 장점을 가르쳐줄 수 있는 동료, 자유주의의 생각을

  나눠줄 수 있는 수평적 관계의 동료와 우정을 쌓는다.

  서로를 바꿀 수는 없다. 서로의 다른 생각을 교환하는 것으로

  충분하다.

○ 엄격한 원칙주의로 자신을 가혹하게 대하지 않는다.

  결과의 완성도보다 점진적 발전 과정에 방점을 두고

  본인을 칭찬한다.

상하관계의 배움은 스킬이 되고
동기간의 배움은 우정이 된다.
키가 다른 풀들을 같은 크기로 깎지 않고
조화롭게 구성하면
어울림과 다양함 모두를 경험할 수 있다.

플렉시블 워킹은 한 화단에
다양한 식물을 품는 것에 비유할 수 있다.

규칙이 집착이 되지 않도록

Q에게 플렉시블 워킹 방법과 꿀팁을 알려달라고 했을 때, Q는 일주일 뒤에 '4년 2개월, 출근의 자유를 경험하며 생각한 것들'이라는 제목의 긴 메모를 보내주었다. A4에 옮겨보니 4장, 1068단어, (공백 제외) 3331자였다. 과장이나 꾸밈이 없는 사실들, 경험과 시행착오, 동료 구성원과의 관계와 이를 통해 깨달은 것들, 그래서 정착된 현재의 모습, 앞으로 계속 변화될 미래에 대한 기대와 경계 등의 내용이었다. 몇 가지만 소개하면 다음과 같다.

"(회사에) 재미있는 일이 있으면 빨리 가고 싶은데, 너무 멀리 살면(회사는 용산구 한남동에 있다) 기회를 많이 놓칠 거 같아서 송파구 정도로 합의를 보았다. 마음은 강남에 살고 싶다", "운동은 틈틈이 한다. 규칙적인 운동은 일부러 놓았다. 규칙이 집착이 되는 경우가 많기 때문이다. 이는 재택근무의 모든 장점을 단점이 되게 하는 요인이다", "밥은 주로 해서 먹는다. 그러다 보니 할 수 있는 요리가 점점 많아진다. 특히 파스타를 엄청 자주 해 먹는다. 시판용을 쓰지 않고 직접 토마토나 생크림으로 만든다. 이 능력은 재택근무에 실제로 도움이 된다."

언뜻 바로바로 답해줄 수 있을 법한 내용 같지만, 조금 더 생각하고 상대가 만족할 만한 답을 내놓는 신중함이 Q의 스타일이다. Q의 사려 깊음이 드러나는 대목은 또 있다. Q는 인터뷰에서 유독 다른 사람 이야기를 많이 했다. '나는 이런 사람이어서', '나는 이런 상황에 처해 있으므로'와 같이 내가 주어가 되는 문장이 아니라 '동료는', '팀원은', '후배는'과 같이 타인을 주어로 하는 문장이 많았다. Q는 어떤 동료는 늘 회사에 나오기 때문에 직접 만나서 일하면 더 즐겁고 효율적이고, 어떤 동료는 멀리 살기 때문에 먼저 화상 미팅을 제안해볼 수 있으며, 또 어떤 동료는 아이를 키우니 오전보다 오후에, 화상으로 대화하는 게 나을 수 있다는 점을 알고 있다. 후배는 화상으로 회의하자고 하든 만나서 하자고 하든 제안대로 따르기 마련이라 선배가 더 신중히 제안해야 한다고도 생각한다. 그래서 상대가 어떤 사람인지 파악하는 것은 물론, 상대가 편하게 여기는 방식을 먼저 제안할 수 있도록 친해지려 노력한다.

Q는 플렉시블 워킹의 핵심은 '내가 정한 규칙을 계속 바꿔야 하는 점'이라고 생각한다. 구성원의 구성과 패턴이 바뀌면 자신도 그에 맞게 바뀌어야 한다. 또 새로운 구성원이 들어올 때마다 새로운 규칙을 고민해보아야 한다. 과거에 안주하는 것을 경계하고, 용기를 가지고 과거를 돌아보며 고치는 것이다. 매일 출근하려 했던 때, 밤 시간을 활용했던 때, 돈을 아끼고자 '집콕'했던 때, 근무시간 중 개인 일정(운동, 병원 등)을 소화하려 했던 때, 숙제 검사 받으려 했던 때를 반성하고 지금의 모습도 지속적으로 돌아본다.

그런 반성과 시행착오를 거쳐 Q는 자신만의 규칙을 만들었다. 몇몇 규칙을 소개하면 다음과 같다. 재택근무 하는 날에도 아침에 일어나면 무조건 샤워를 한다. 점심밥도 반드시 먹는데, 사 먹을 경우에는 집에서 도보 10분 거리 내에 있는 음식점을 이용한다. 커피는 무조건 점심을 먹은 다음에 마신다. 그러면 참았다가 즐기는 보상 같은 기쁨이 있다. 월요일에는 무조건 출근한다. 이러한 규칙들이 안정감을 가져다준다.

Q는 무엇보다 사랑으로 주변을 돌아보고 포용한다. 회의를 한 번 하더라도 상대의 출근 패턴, 거주지 위치, 동반 가족을 고려하여 상대에게 편한 방법을 제안하려고 한다. 본인과 같은 시행착오를 겪고 있는 후배들을 안타까워하고 자신이 선배가 되기 전에는 몰랐던 선배들의 마음도 헤아린다.

두려움과 용기, 자신감과 안정감, 사랑과 너그러움. Q가 일주일을 숙고해 내놓은 대답을 보며 한국 교육의 일방성에 대해 생각했다. 순발력이 아니라 신중함, 빠른 답변이 아니라 일주일을 숙고한 답변, 자기 주장보다 우리를 고려하는 생각을 한국 사회가 기다려줄 수 있을까? 시험은 정해진 시간 안에 이루어지고, 회사 면접조차 순발력 테스트에 가깝다. 호흡이 다른 Q를 만난 것은 우리 조직의 행운이다. 참고로 Q가 이 조직에 들어오기 위해 거친 두 번의 테스트는 모두 문서였다. 첫 번째는 자유 주제 에세이, 두 번째는 자유 주제 데이터 분석 보고서. 모두 충분한 시간을 갖고 준비할 수 있는 것이다. 천천히 주변을 돌아보며 자기만의 규칙을 만들어도 늦지 않다.

사려 깊은 선배 Q의 꿀팁

◦ 재택근무에 대한 판타지를 버려야 한다. 실제로 무게감과
  책임감은 보편적인 매일 출근 방식보다 훨씬 크다.

◦ 플렉시블 워킹에서는 비언어적 소통(정시 출근, 웃는 얼굴,
  같이 밥 먹기 등)으로 성실을 증명할 수 없기 때문에,
  결과로 증명하기 전에 과정을 틈틈이 공유해야 한다.

◦ (특히 신입사원분들에게!) 동료 의식 혹은 팀 내에서 내가 맡은
  역할보다 프리랜서에 가까운 정체성이 형성되기 쉬운데,
  이를 경계해야 한다.

모두가 다르기에 각자의 방식은
존중받아야 한다

　본인의 업무 스타일과 노하우를 공유해달라는 인터뷰를 진행하면서 심리상담 같다는 말을 많이 들었다. 적지 않은 이가 자기 이야기를 하다가 눈물을 보였다. 일하는 방식, 플렉시블 워킹의 노하우를 말해달라고 했을 뿐인데 말이다.

　일하는 스타일은 가치관을 반영한다. 일하는 방식에는 일을 대하는 태도가 포함되고, 그 태도에는 어린 시절 어떻게 살았는지가 거의 반드시 개입된다. 감정과 마음이 너무 깊고 말캉하여 스스로를 로봇처럼 생각하려고 고군분투하는 내성적 인간, 아침 일찍 시작하는 일상에 한 번도 적응 못 했던 인생,

일생을 따라다니는 불안감을 컨트롤하기 위해 선제적 커뮤니케이션 스킬을 개발한 히스토리까지, 모두가 다르지만 모두가 노력하고 애쓰고 있다.

그렇다고 일이 돈 때문에 어쩔 수 없이 하는 악은 아니다. 회사를 통해 최소한의 사회성을 배우고(회사가 아니었으면 이 세계에 빠져 저 세계와의 소통에 애를 먹었을 것이다), 내 마음대로 안 되는 것이 있음을 깨닫고 포기하는 법도 배운다. 동료와 우정의 중요성, 마음을 쓰는 법, 마음을 비우는 법, 질문해도 괜찮다고 말해주는 사람들이 주는 안도감, 내가 잘하는 것, 나에게 부족한 것, 나의 흥미를 끄는 것, 나를 멈칫하게 하는 것, 내가 주의해야 하는 것, 내가 도움을 청해야 할 때를 알아간다.

모두가 다르기 때문에 각자의 방식으로 일할 필요가 있다. 그래서 플렉시블 워킹이 필요하다. 한두 사람의 뻔뻔함 때문에 플렉시블 워킹에 대해 회의적인 시각을 갖게 된다. 그런 사람에게 제동을 걸 수 있는 인사권을 강화해서라도, 다양한 사람이 자신에게 맞는 방식으로 일할 수 있도록 플렉시블 워킹 제도가 자리 잡기를 희망한다.

3장

플렉시블 워킹을 둘러싼 가치 탐구

목표 달성보다
업무 효율을 우선한다

플렉시블 워킹을 실제 하고 있는 사람으로서 동의하지 않는 한 가지가 '개인 목표 설정'의 중요성이다. 플렉시블 워킹을 하려면 목표가 잘 설정되어 있어야 한다고 한다. 소위 KPI가 개인별로 나뉘어 있어야 하고 이에 따라 성과를 측정하면 플렉시블하게 일한다 하더라도 조직적으로 관리할 수 있다는 뜻이다. 다시 말해 개인이 일하는 방식은 신경 쓰지 않고 목표 달성 여부만 보겠으며, 목표를 달성하지 못했으면 당신이 능력이 없거나 불성실한 것으로 간주하여 당신에게 책임을 묻겠다는 것이다. 이는 조직을 개인의 합으로 보고, 개인 성과의 합을 조직의 성과로 보는 사고방식이다. 하지만 이런 태도는 플렉시블 워킹으로 일하는 조직이라고 보기 어렵다. 조직은 개인들의 합에 개인과 개인 간의 시너지, 개인과 개인 사이에 흐르는 에너지를 더한 값이기 때문이다.

목표 설정이 아예 필요 없다는 건 아니다. 다만 개인 단위로 목표를 세우기보다는 조직이 하나의 목표를 공유하는 것이 좋다. 또한 '결과'보다는 구체적인 '방법'을 목표로 세울 것을 제안한다. 예를 들면 '수학 점수 80점 맞기'보다는 이를 위한 방법인 '일주일에 문제집 7쪽 풀기'를 목표로 설정하는 것이다. 이편이 더 현실적이고, 컨트롤 가능하며, OX가 분명하다. 이 경우 '일주일에 7쪽 풀기'는 조직 전체의 공동 목표가 되는데, 이를 이루기 위해 각자 1쪽씩 풀기보다는 능력과 성향에 따라 업무를 분장한다. 어떤 개인은 쉬운 문제를 빨리 풀고, 어떤 개인은 어려운 문제를 천천히 풀어내고, 어떤 개인은 다음 목표를 위해 신입에게 수학을 가르치고, 어떤 개인은 다음을 위해 능력을 쌓는 데 집중하고, 어떤 개인은 진행 상황을 체크하고, 어떤 개인은 팀원들의 사기를 북돋는다.

플렉시블 워킹 덕분에 문제집 7쪽 풀 것을 8쪽 풀게 되는 것은 아니지만, 더 즐겁고 더 효율적으로 문제집 7쪽 풀기라는 목표를 달성할 수 있다. 여기서 '효율적'이라는 것은 '적은 투입'으로 같은 성과를 얻는 것이기도 하고, '투입하기 어려운 자원'을 얻어낼 수 있다는 뜻이기도 하다. 투입하기 어려운 자원이란 플렉시블 워킹을 통해 얻게 된 직원, 그 직원의 역량, 그 직원과 함께 일하면서 발생하는 에너지를 가리킨다. 적은 투입은 노동이 덜 든다는 뜻이 아니라 노동에서 발생하는 달갑지 않은 부산물들, 예를 들면 관계의 피로감, 출퇴근에 따른 물리적·정신적 비용, 권태 등이 제거돼 결과적으로 필요한 노동만 투입되었다는 뜻이다.

효율은 플렉시블 워킹을 하는 개인에게도 중요하다. 플렉시블 워킹 실천자들을 인터뷰하고 보니 크게 영감파와 효율파로 나뉘었다. 효율파라고 생각하는 사람은 스스로 업무시간을 정해놓고 시간 안에 업무를 해내는 것을 중시하며, 속도감 있게 일하는 것에 만족하는 경향이 있다. 반면 영감파는 시간에 쫓기기보다는 영감, 소위 '그분'이 오셔야 한다고 믿는 사람들이다. 영감이 오기만 하면 집중해서 해낼 수 있다고 믿기에 영감을 얻고자 노력한다. 영감이 오는 시간대와 환경, 영감을 얻기에 효율적인 방법을 스스로 알고 있다. 결국 영감이 효율이고, 그런 면에서 영감파도 효율이 중요하다.

"개인적으로 영감파라고 이야기하지만 영감도 속도전이에요. 영감이 와야 하지만, 마감은 지켜야 하죠. 그래서 내가 어떤 상황에서 영감을 얻는지 계속 관찰합니다. 영감이 올 때까지 마냥 기다리는 것이 아니라 찾아다니며 적극적으로 기다리죠. 그런 면에서 효율적 영감파라고 해야 할까요?"

효율파는 고정적인 환경에서, 영감파는 변주되는 환경에서 효율을 얻는다고 할 수 있다. 효율이 각자에게 다른 방식으로 작동할 뿐이다. 효율적이지 않은 업무 방식은 어떤 경우에나 개선되어야 한다.

업무에 투입되는 노동력은 적정 수준으로 유지하고, 업무에서 발생하는 군더더기 피로감은 최소화하고, 본인의 효율성은 최대화할 수 있는 방법이 개인마다 다르기 때문에 개개인이 다르게 업무하는 플렉시블 워킹은 분명 효율적으로 작동한다.

성공보다 성장을 도모하라

지금 다니는 직장을 평생 다닐 것이고 이 회사가 내 노후까지 책임져줄 거라는 생각은 젊은 세대는 물론 기성세대도 이제는 하지 않는다. 자신을 책임질 사람은 자신밖에 없다고 믿고, 자신이 브랜드가 되어야 한다고 생각한다. 그래서 자신을 브랜딩하기 위해 공부하고, 준비하고, '갓생'을 사는 직장인의 노력은 필수가 되었다. N잡, 사이드 프로젝트, 이직, 퇴사에 대한 관심이 그 어느 때보다 높고, 높은 만큼 부담감도 크다. 직장인들이 이토록 열심히 공부하고 준비해서 얻고자 하는 것은 결국 실력이다. 직장을 소홀히 한다거나 일을 등한시

한다는 것이 아니다. 일의 의미가 개인의 성장과 연결되어야 한다는 얘기다.

직장에서 하는 일이 곧 실력이 되고, 그 실력들이 쌓여 또 다른 미래를 만든다. 일의 의미는 각자 다르겠지만, 일은 결국 개인에게 성취감을 주고 개인을 성장시켜야 한다. 일하는 시간이 자기 성장의 발판이 될 수 있다면 그 일은 최고의 복지가 된다.

'일잘러'라는 말이 있다. 2020년에 등장한 신조어인데, 일을 잘하는 사람, 그중에서도 일을 효율적으로 잘하는 사람을 뜻한다. '일잘러'의 연관어 가운데 눈에 띄는 키워드는 '성장'이다. 반면 '성공'은 순위가 낮다. 조직 내 성공보다는 자신의 성장에 초점을 맞춰 일하는 사람이 '일잘러'다. 예를 들어 사장님의 의중을 가장 잘 파악하고 사장님 입맛에 맞는 서류를 가장 잘 만들어서 가장 먼저 팀장이 되는 사람과, 사장님은 별 관심 없지만 누구도 해보지 않은 신규 프로젝트의 PM으로 일하는 사람이 있다고 치자. 조직 내 성공에는 전자가 유리하다. 하지만 이력서에 적는 경력 사항으로는 사장님 마음에 들 달게 된 팀장보다 새로운 프로젝트 PM이 더 매력적이다(단, 이 프로젝트가 중간에 엎어지지 않아야 한다는 전제 조건이 있다).

플렉시블 워킹을 하는 조직이 성공하려면 성장을 꿈꾸는 개인과 함께 가야 한다. 개인이 일하면서 성장을 도모하듯, 조직도 개인의 성장을 도우며 함께 성장해야 한다. 성장은 '점차' '어떤 방향으로' '발전'해가는 것이다.

우리 부서는 개인의 성장을 확인하고 독려하기 위해 주기적으로(1년에 두 번) 퍼포먼스 토크를 진행한다. 주된 내용은 개인의 장/단기 목표, 이를 위해 행하고자 하는 것과 멈추고자 하는 것, 리더에게 하고 싶은 말, 이 3가지다.

목표는 개인이 성장해 나가고자 하는 방향이다. 목표를 행하고 멈추는 것은 본인의 의지다. 상사라 해서 목표의 옳고 그름을 판단하거나, 방법의 적절성을 따져 묻지 않는다. 퍼포먼스 토크는 상사에게 주기적으로 행하는 선언 같은 것이다. "나의 목표는 이것입니다. 이를 위해 이것을 하고 있습니다!" 말에는 주술적 힘이 있어서 생각을 그냥 일기장에 쓰는 것보다 말로 뱉을 때 실현 가능성이 높아진다. 또한 회사는 목표를 통해 직원을 이해할 수 있고 방향성을 조정해갈 수 있다.

목표는 다양하다. '하반기에 결혼 계획이 있어 일과 결혼 준비의 균형을 잘 맞춰가는 것입니다', '건강이 안 좋아져서 적정하게 일하고 적정하게 내 몸을 돌보는 균형점을 찾는 것이

단기 목표입니다', '자격증을 따려고 합니다. 일에 꼭 도움이 되지는 않을 수도 있지만 자신감을 올릴 수 있을 것 같습니다' 등등 개인의 상황과 사정, 일과 삶에 중첩되어 있다. 앞서 말한 것처럼 우리는 사생활을 살아가는 개인과 함께 일하고 있다. 개인의 성향과 상황에 대한 고려는 회사의 인심이 아니라 당연한 의무다.

장기 목표는 대략 서너 가지로 요약된다. 1) 회사를 오래 다니고 승진하고 영향력 있는 사람이 되는 것(권력), 2) 내 이름의 책을 내거나 내 이름을 걸고 일하는 것(명예), 3) 더 깊이 공부하여 해당 분야의 전문가가 되는 것(능력), 4) 남을 돕고 조직을 서포트하는 것(조력). 조직은 이러한 개인의 목표를 활용하면서 활성화하고, 서로 나누게 함으로써 시너지를 낼 수 있다.

성장을 이끄는 가장 좋은 방법은 피드백과 경청이다. 그중 선행되어야 하는 것은 경청이다. 좋은 트레이너는 "이거 드세요, 이 운동 하세요"라고 말하기 전에 우선 "무엇을 어떻게 먹고 어떤 운동을 하고 있나요?"라고 묻고 듣는다. 퍼포먼스 토크에서도 마찬가지다. 퍼포먼스 토크의 기본 전제는 이 시간이 지적받는 시간이 아니라는 것, 리더가 오픈 마인드일 것,

직원이 하는 말들이 리더에 대한 공격이 아니라는 것, 공감하기보다 그냥 일단 들어주어야 한다는 것이다.

묻고 들어서 방향성을 설정해야 피드백을 주고받으며 점진적으로 발전해나갈 수 있다. 회사에서 쓰는 피드백이라는 말은 사실 영어의 사전적 의미와는 다르다. 직장생활에서 피드백은 상대의 질문이나 결과물에 대한 의견이나 조언을 의미한다. 주로 상사가 직원에게 피드백을 준다. 이때 피드백은 숙제 검사가 될 수도 있고, 건설적 꿀팁이 될 수도 있다. 이 부장이 김 대리에게 "보고서 작성했어? 갖고 와봐"라고 하면 숙제 검사가 되고, 김 대리가 "부장님, 시간 되시면 제가 작성한 보고서를 한번 봐주세요"라고 하면 조언 구하기가 된다. 이 부장이 김 대리에게 "목표 달성률이 50%입니다. 앞으로 어떻게 나머지를 채울지 제출하세요"라고 하면 숙제가 되고, 김 대리가 "목표를 위해 ○○을 하고 있는데 이 부분이 부족합니다. 부장님께 자문을 구해도 될까요?"라고 하면 조언 구하기가 된다.

학교를 졸업하고 성인이 되어서는 무엇으로 성장할 수 있을까? 피드백으로 성장한다. 일대일 코칭 트레이닝, 일명 PT가 뜨는 이유도 이와 같다. 유튜브 같은 매체를 통해 훌륭한 방법과 자세에 대한 정보를 얼마든지 얻을 수 있지만 나의 상태, 나의 상황, 나의 조건을 보면서 피드백을 주고받아야 올바른 운동이 가능하다. 아무리 사랑하더라도 부모, 자식, 배우자, 연인이 '성장'을 위한 피드백을 주기는 쉽지 않다.

플렉시블 워킹 방식은 피드백을 주고받기에 좋을 수도 있고 그 반대일 수도 있다. 모 건축 디자인 사무소의 경우는 플렉시블 워킹이 피드백을 방해한 사례다. 디자인 사무소 직원들은 서로 충분히 친했고 충분히 성실했고 충분히 바빴다. 플렉시블 워킹으로 출퇴근 부담이 줄고 운동을 할 수 있어서 건강해지기도 했다. 밤샘 작업 후에 퇴근하는 고충도 사라졌다. PM이나 신입이나 자기 작업에 대한 책임감도 컸고, 디자인 숙련도도 어느 정도 있었다. 하지만 피드백에서 문제가 발생했다. 다 같이 사무실에 있을 때 디자인에 대한 피드백은 수시로, 회의실에서, 휴게실에서, 화장실에서, 각 잡고 혹은 낌새로 이루어졌다. 지나가는 사람의 "좋은데"라는 한마디, '이건 좀…'이라는 의미의 갸우뚱, "이렇게 해보면 어때?"라는 무심한 조언은 사라지고, 체크! 체크! 체크!만 남았다. 시안에 대한 피드백은 '○, △, ×'의 평가가 되었다. 덩어리를 받고, 덩어리에 다른 덩어리를 조금 얹어서 주고받는 진도 체크는 서로를 성장시키는 대신 일을 하게 만들었다. 디자인에는 진도 체크가 아니라 생각의 교환이 필요하다. 결국 이 디자인 사무소는 피드백을 위해 다시 사무실로 출근하기로 결정했다.

 반면 플렉시블 워킹 방식이 피드백을 활성화한 경우도 있다. 모 리서치 회사는 플렉시블 워킹을 시행하면서 업무 구조를 3인 1조에서 1.5인 1조로 재편했다. 1인 1프로젝트로 업무를 할당하고, 0.5 이하로 팀장급이 참여한 것이다. 매니저—팀장—대표로 이어지던 컨펌 시스템을 부수고, 매니저든 팀장이든 한 프로젝트를 맡아서 하고, 시니어 팀장이나 대표가 시니어 매니저로 참여했다. 업무에 투입된 인력은 더 적어졌고 시니어 매니저와 담당 매니저 간의 피드백과 커뮤니케이션은 더 자주 긴밀하게 이루어졌다. 직원들이 사무실에 늘 나오지 않아도 되니 사무실을 줄여 임대료를 절약하고, 그 대신 공유 오피스 로비나 회의실을 더 자주 사용했다. 꼭 사무실이 아니라 제3의 공간에서 만나도 되었고, 화상회의도 가능했다. 회사원 전체가 특별한 장소에서 식사(회식이라 불리지 않는)도 자주 했다. 층층 구조가 사라지니 조언을 얻기 위해 대표나 다른 팀장에게 일대일로 커뮤니케이션하는 일도 잦아졌다. 대표는 아이들이 있어서 아침 시간대는 선호하지 않지만 그 외 시간은 언제나 열려 있다. 새로 합류한 A팀장은 공공 분야 프로젝트에 능통한데 이 분야에 대해 사람들이 자신에게 조언 구하는 것을 좋아한다. 새로운 직장에 본인이 기여할 바가 있다고 생각하기 때문이다. B팀장은 주로 사무실에 나와서 근무한다. 팀원들은 '오늘은 사무실에 나가서 해야겠다'고 생각할 때는 B팀장과 점심 약속을 잡아 짧은 데이트를 즐긴다. 모두 다 같이 사무실에 나올 때보다 B팀장님과 더 친해졌다. 각자 자신의 전문 분야를 만들어가고 있고, 누군가 그 분야의 조언을 구하는 것을 환영한다. 숙제 검사로서의 체크가 아니라 조언을 구하는 방식으로 피드백이 오간다.

플렉시블 워킹 방식이 통하는 곳이 있고 그렇지 않은 곳이 있다. 앞서 사례로 든 건축 디자인 회사는 그들 나름의 플렉시블 워킹 방식을 발전시킬 수 있을 것이다. 출근을 기본으로 하되 출퇴근 시간을 자유롭게 하거나, 운동 등 건강 챙기기 시간은 자유로 하거나, 밤샘 작업한 다음 날의 행동규범 등을 정할 수도 있다. 플렉시블 워킹 방식보다 중요한 것은 피드백을 주고받으며 서로 성장하는 것이다.

자율의 무게, 자율의 가능성

자율은 자신의 욕망이나 남의 명령에 의존하지 않고, 스스로의 원칙에 따라 어떤 일을 하는 것, 또는 자기 스스로 자신을 통제하여 절제하는 것이다. 사람은 자율적으로 행한다고 느낄 때 만족감이 올라간다. 그런 점에서 플렉시블 워킹의 최고 가치는 효율도 아니고, 생산성도 아니고, 자율이다.

자율을 중시하는 사람들은 플렉시블 워킹에 만족도가 높다. 물론 자율은 쉬운 것이 아니다. 남의 명령은 존재하지 않고, 자신의 욕망은 통제되어야 한다. 욕망에만 기대면 일을 미루다 못 하는 경우가 생기거나 너무 많이 해서 번아웃을 겪기도 한다. 스스로 적절하게 일하는 균형점도 찾아야 하고, 그 일을 하게 만드는 동기도 부여해야 한다.

다음은 새로 들어온 3년 차 일잘러 직원의 플렉시블 워킹 3개월 리뷰다.

> 업무 방식과 근무 루틴 두 가지가 바뀌면서 기존에 유지되던 '회사, 삶의 루틴'이 깨졌다. 성향상 정해진 시간에 출근하고 퇴근하는 것이 잘 맞는 것을 스스로 알기 때문에 초반에는 최대한 기존 루틴을 따르려 했으나, 마감 일정이나 업무 방식에 적응하다 보니 플렉시블 워킹을 잘 활용하고 있는 것인지 혼란스러웠다. 정해진 양식 보고서를 매주 금요일에 마감하는 업무를 하다가 트렌드 보고서 작업 등을 하게 되었고, 중간중간 흐름이 막히면서 붕 뜨는 시간대가 생겼다. (스스로 지정해둔 업무시간이지만, 일은 안 되고 그렇다고 일을 멈춘 상태는 아닌, 일해야 한다는 강박은 있으나 머리는 따라주지 않는 시간이 늘어났다. 스스로 업무시간을 지정하는 게 무의미하다는 느낌도 받았다.) 붕 뜬 시간만큼 야근을 하거나 주말에 잠깐이라도 일하는 빈도가 잦아졌다. 해당 보고서를 마감할 때까지는 퇴근을 해도 퇴근이 아닌 듯한 불안감이 있다. 플렉시블 워킹 제도 첫 3개월은 시간 관리에 실패했다는 결론이다.

이로 인해 생각보다 정신적, 체력적으로 한계를 느끼게 되었고, 어떻게 하면 플렉시블 워킹 제도에서 업무와 내 삶의 on/off를 조절할 수 있을지 계속 고민하고 있다. 보고서 일정이 끝나지 않았더라도, 내가 정한 퇴근 시간 이후에는 일 생각을 안 하고 지낼 방법을 찾는 중이다. 플렉시블 워킹 제도에서는 일과 내 삶의 균형을 맞출 수 있게 시간을 배분하고 조절하는 것이 가장 중요한 업무 능력 요소라는 생각이 든다.

이를 위해 첫째, 일하는 데 시간과 공간의 제약이 없어지면서 한없이 늘어지는 것을 방지하기 위해, 그리고 조금이라도 업무와 내 삶의 경계를 만들기 위해 카페를 자주 이용한다. 혼공족이나 혼자 일하는 사람들이 많은 매장을 애용한다.

둘째, 정해진 시간에 꼭 회사에 있어야 한다는 생각으로부터 벗어나려고도 노력 중이다. 머리로는 플렉시블 워킹인 것을 알겠으나, 몸은 업무 중이라는 강박에 사로잡혀 있는 듯하다. 업무시간 중에 병원을 갈 수 있거나 메신저에 [자리 비움]이라 표시되는 것에 크게 신경 쓰지 않아도 된다는 것이 좋다.

셋째, 원래도 야행성이었는데, 집중이 잘되는 시간대가 밤이나 새벽이라는 걸 다시금 깨닫게 되었다. 그러나 그 패턴을 지속하면 건강을 해칠 것 같아서 밤과 새벽에 일하는 것은 지양해야겠다는 생각도

들었으나, '일이 잘되는 시간 vs 건강'의 구도가 되다 보니 이것 또한 어떻게 해야 할지 고민이 된다. 플렉시블 워킹 제도 내에서 나만의 적절한 루틴을 빨리 찾고 싶다.

이 리뷰는 자신만의 업무 방식을 이미 갖고 있는 사람이 안정화된 플렉시블 워킹 조직으로 이직했을 때 마주하는 현실을 잘 보여준다. 조직의 시계가 업무의 시작과 끝이 되고 업무의 끝이 머리 비움의 신호가 되었던 경우, 이런 신호들은 거의 무의식적으로 이루어져서 따로 노력을 기울일 필요가 없었다. 하지만 플렉시블 워킹에서는 모든 것을 스스로 만들어야 한다. 퇴근의 상쾌함, 쉬는 시간의 머리 비움, 나만의 루틴, on/off의 경계를 노력해서 만들어내야 한다.

자율은 강박이 되기 쉽다. 텐투텐 학원(주로 방학이나 주말에 오전 10시부터 오후 10시까지 운영하는 학원)을 다닌다고 하면 학원을 욕하거나 그 학원에 등록시킨 누군가를 비난할 수 있다. 반면 자율적으로 텐투텐 방식으로 공부하기로 했다고 치자. 계획을 세우고 독서실에서 12시간을 버틴다. 힘들다고 비난할 사람도 없고 끝이라는 경계도 모호하다. 물론 시작하지 않거나 끝내지 않아도 아무도 뭐라 하지 않는다. 하지만 묶여 있는 것보다 '없는 줄'을 묶고 풀기가 더 어렵다. 그 매듭, on/off의 경계, 일과 쉼의 차이를 스스로 만들고 스스로 따라야 하는 것이 '자율'이다. 자율은 스스로 기획자이자 플레이어가 되는 것이다.

그렇다면 자율은 좋은 것이 아닌가? 1인 2역을 해야 하니 자율이 쉽다고는 할 수 없다. 플렉시블 워킹에서 자율의 책임감은 너무 크고 매우 무겁다. 플렉시블 워킹을 하려면 유능해야 하고 묵묵해야 한다. 내가 얼마나 힘들었는지 내가 얼마나 잘해냈는지 이야기하고 싶고 징징거리고 싶지만 침묵해야 한다. 자율 아래 끝도 없는 시간 속에 방황하게 되기도 한다. 그럼에도 자율을 반납하지 않는다. 왜? 내가 선택할 수 있다는 가능성, 열에 아홉은 나의 선택이라기보다는 환경에 의해 강요된 선택일 가능성이 높지만 한 번의 자유, 바로 그 한 번 때문에라도 결코 돌려줄 수 없다. 그 한 번의 가능성은 일을 '내 것'이 되게 한다. 자율이 있다고 생각하니까, 시간과 환경과 방식이 내 것이라는 생각은 한 발자국 더 나아갈 수 있는 동기가 된다.

자율 아래서 아웃풋은 내 것의 가능성, 플러스 알파의 가능성을 안게 된다. 쓸모와 생산성 측면이 아니라 창의와 존엄성의 측면에서 자율이 우세하다. 플렉시블 워킹은 이 자율을 위해 존재한다. 조직은 개인에게 특권과 의무를 부여하는 공평한 규칙을 마련해야 하고, 자율의 무게와 자유는 개인이 누리는 동시에 감당해야 한다.

타인이 아닌 나에 대한 신뢰

구성원을 믿을 수 없는 사람은 플렉시블 워킹을 하면 안 된다고 한다. 그렇다. 우리 팀장이 그런 믿음이 없다면 플렉시블 워킹을 할 수 없다. 믿음이 생길 때까지 기다리거나 다른 팀장을 만날 때까지 기다려야 한다. '내 눈으로 일하는 걸 보지 않으면 안 돼'라는 사람은 내가 어찌할 수 없는 영역이다.

또 하나 내가 어찌할 수 없는 것이 있다. '너네 조직이니까 가능하다'라는 말이다. 플렉시블 워킹과 관련한 대화를 나눌 때 이 말을 정말 많이 들었다. 이 말은 모든 대화를 중단시킨다. '이 음식 맛있어요!' '너니까.' '이 약이 건강에 좋아요.' '너니까.' '이 방법이 효율적입니다.' '너니까!' 곰곰이 생각해보면 결국 자기 자신을 못 믿는다는 뜻이다.

다른 부서에 우리 부서가 진행하는 퍼포먼스 토크를 소개할 때가 있다. 직원들에게 스스로 목표를 설정하게 하고 리더는 목표를 듣는 시간인데, 경청이 가장 중요하다는 요지를 말한다. 그러면 질문은 의외의 곳에서 발생한다. "직원들이 목표를 잘못 설정하면 어떡하죠?", "직원들이 목표가 없으면 어떡해요?", "직원들이 말을 길게 안 하고 단답형으로 하면 뭐라고 해야 하나요?" 이 질문들은 결국 직원들의 목표 설정 능력을 충분히 신뢰하지 못해 생기는 것이다. 본인에 대한 신뢰 역시 부족하다. 본인이 직원들의 이야기를 있는 그대로 들을 수 있을 거라는 믿음, 본인이 직원들 이야기에 잘 대응할 수 있을 거라는 믿음이 부족한 것이다.

플렉시블 워킹의 기본은 '신뢰'라고 한다. 이 말에 매우 동의한다. 그리고 무엇보다 선행되어야 하는 것은 본인에 대한 믿음이다. 내가 해낼 수 있을 거라는 믿음, 내가 할 수 있기에 상대도 할 수 있을 거라는 믿음, 우리가 함께 해낼 수 있을 거라는 믿음, 정말 상황이 안 좋을 때 회사 차원에서 조치가 취해질 거라는 믿음이 필요하다.

본인을 신뢰하지 못하는 사람은 상대의 신뢰를 받아들이기도 어렵다. "너무 믿어주시니 부담돼요." 맞는 말이다. 신뢰는 미리 발행된 칭찬이다. 선주문이고 빚이다. 믿으니까 미리 돈을 넣고 납품을 기다릴 수 있는 것이다. 당연히 납품이 안 되면 신뢰는 무너진다.

신뢰는 당신이 잘할 거라 믿는다는 신호다. 스스로 잘할 수 없는 사람은 부담을 느끼거나 뻔뻔해져야 한다. 뻔뻔함에 책임을 물을 수 있다면, 그편이 신뢰하지 못해 계속 감시하는 것보다 비용이 적게 든다. 신뢰하지 못해 계속 감시하는 비용, 즉 매일 일지를 쓰게 하고 누군가 일지를 취합하고 다시 보고하고 검토하는 이 체크 비용은 시간이 지나도 줄지 않는다. 비용이 든다고 해서 누군가 성장하는 것도 체크 노하우가 쌓이는 것도 아니다.

반면 신뢰를 기본으로 하고 감시하는 비용을 쓰지 않는다면, 문제가 발생하지 않을 경우 비용은 0이고, 문제가 발생했을 때 다 같이 이를 해결하거나 문제를 일으킨 사람을 문책하는 비용만 든다. 그 비용은 매일 감시하는 비용보다 적을뿐더러 서로에게 경험과 노하우를 남긴다. 회사 차원에서 준비할 것은 책임을 물을 수 있는 방법과 제도, 이에 대한 사전 공지,

가능하다면 플렉시블 워킹에 잘 적응할 수 있는 신뢰할 만한 사람을 채용하는 기술이다.

자, 여기서 생각해볼 문제! 신뢰할 만한 사람은 따로 있는가? 사람을 신뢰하면 신뢰할 만한 사람이 되나? "너네 조직이니까 가능하다"는 말은 너네 조직 구성원이 믿을 만하다는 것인가, 아니면 너네 조직이기에 구성원들이 믿을 만하게 행동한다는 것인가?

이 질문에 답하기 위한 실험 결과가 있다. 일부러 실험을 한 것은 아니고, 플렉시블 워킹 조직으로 이전해 온 사람을 관찰한 결과다. 그 구성원은 플렉시블 워킹 방법을 다른 사람을 통해 배운다. 믿을 만한 사람으로 태어난 것이 아니라 믿을 만한 사람들이 어떻게 행동하는지를 보고 배우는 것이다.

조직의 기본 가정은 그 사람이 잘 적응할 거라 믿는 것이다. 못 믿을 사람으로 여겨 특별 프로그램을 돌리지 않는다. 앞서 강조한 것처럼 플렉시블 워킹의 방법론을 만드는 것은 개인의 몫이다. 어떤 사람은 이렇게 하고 있고 어떤 사람은 저렇게 하고 있다고 예시를 들어줄 수는 있지만, 어떻게 하라고 강요할 수는 없다. 새 구성원이 자기만의 방법을 찾을 때까지 조직 또는 다른 조직 구성원은 믿고 기다려줘야 한다. '당신은 어려움을 겪을 수 있지만 해낼 거야'라는 가정과 '당신이 과연 잘할 수 있을까'라는 의심은 전혀 다른 결과를 만들어낸다.

신뢰는 관계다. '신뢰할 만한 사람 A가 있다'고 할 때, 이 말은 A 혼자만으로 성립되지 않는다. A를 믿어주는 B, 그리고 믿을 만하게 행동하는 A의 중간 어딘가에 '신뢰할 만한' A가 존재한다. 즉 믿을 만한 사람이 되느냐는 절대적인 것이 아니고 상대에 따라 달라질 수 있다. 플렉시블 워킹 조직 구성원이 할 수 있는 신뢰는 첫째, 자신에 대한 신뢰, 둘째, 타인에 대한 신뢰다. 그 두 가지 신뢰가 본인과 타인을 신뢰할 만한 사람으로 만든다.

공식과 비공식의 경계

'우정.' 플렉시블 워킹을 하는 조직에 우정이 필요하다는 말을 하기 위해 나는 이 책을 쓰고 있다. 효율과 자율, 신뢰가 꽉꽉 차 있다 하더라도 우정이 없다면 플렉시블 워킹은 조직에 힘을 실어줄 수 없다. 우정이 없다면 플렉시블 워킹은 그저 개인에게 운동할 시간, 병원 갈 시간, 은행 업무 볼 시간을 허용하는, 있으나 마나 한 장점을 보유한 제도일 뿐이다.

플렉시블 워킹의 자율이란 처음 맞닥뜨린 사람에게는 애매한 것이다. 어디서부터 어디까지 허용되는지 알 수 없다. 선택지가 없고 한도도 없는 듯 보이지만, 엄격한 규칙이 존재한다.

규칙은 명시되어 있지 않지만 합의되어 있다. 이 애매함과 당황스러움을 완화하는 것이 바로 우정이다. 우정은 개인의 고충을 해결할 뿐 아니라 아웃풋에 시너지를 더한다. 우정의 가치가 집약적으로 빛나는 두 가지 사례를 소개한다.

어느 날 주니어 중에서 경력이 가장 오래된 두 친구가 문득 이메일을 보냈다. "기획안을 보내드렸습니다." '내가 기획안을 받을 게 있었나?' 갑작스러운 이 이메일은 비전 공유, 어깨너머 팁 공유, 친목 도모를 목적으로 한 주니어들만의 워크숍 기획안으로, 실질적인 이유와 목적 그리고 선배들의 다정한 염려와 솔루션을 담고 있었다.

주니어의 역량 강화와 팀워크 향상을 위한 워크숍 기획안

1. 목적

회사의 변화에 대한 대응과 일하는 방식 공유에 부족한 면이 있다. 다양한 동료들과 팀장들과 일을 해도 여전히 어깨너머 지식이 부족하다는 목소리들이 있고, 리더의 변화와 생활변화관측소 3.0 시즌을 통해 회사가 또다시 과도기에 맞닥뜨렸다고 느낀다. 이에 주니어끼리 친밀감을 높이고, 서로의 의견을 공유하며, 일하는 방식을 배우는 자리가 필요한 시점이라 판단되어, 워크숍을 기획하게 되었다.
워크숍의 세부적인 목표는 아래와 같다.

1) 확고한 지향점: 리더십의 변화에 대해 구성원들의 다양한 생각을 들어보고 지향점을 공유하는 시간의 필요성

a. 팀으로서 새로운 비전을 공유해보는 시간

b. 우리 일을 정의해보는 시간

c. 개인이 이루고 싶은 것, 팀으로서 이루고 싶은 것

2) 더 나은 커뮤니케이션: 팀만의 '어깨너머' 팁들을 공유하는 시간과 공유 습관을 길들일 시간의 필요성

a. 모바일 오피스의 기본 예의

b. 자기 이야기를 공유하는 방법, 이사님과 팀장님들에게 고민을 털어놓는 방법

c. 클라이언트와 커뮤니케이션하는 방법

d. 책, 강의 등 외부 활동과 회사 일의 밸런스

2. 개요

1) 일시: 2023년 12월 1일(금) ~ 2023년 12월 2일(토)

2) 장소: ○○, 제주 제주시

3) 참가인원: w, q, a, e, j, k, r, m, c

3. 예산

1) 12월 회식비 ○○만 원

2) 개인 비용 1인당 ○만 원

3) 이사님 협찬 ○○만 원

    2개월 뒤 기획안대로 워크숍이 실현되었다. 신입사원은 본인들을 위해 이 워크숍이 기획되었다고 생각했다. 배운 것도 많고, 누구에게 무엇을 물어봐도 된다는 것을 확인하였으며, 안심과 위안을 얻었다. 1~2년 차들도 이 워크숍이 본인들을 위해 기획되었다고 믿었다. 어리바리한 시기는 분명 지났기에 연차가 쌓였다는 확신과 한 단계 도약하기 위한 돌파구가 필요했던 터였다. 워크숍을 통해 당연하지만 몰랐던 것을 알게 되었고, 어떤 건 이미 터득했음을 확인하는 뿌듯함도 얻었다.

    기획자들은 본인들이 가장 즐거웠다고 말했다. 우리가 무엇을 하는 사람인지 우리 조직에 어떤 원칙과 원리가 작동하고 있는지를 공유하기 위해 이를 정리하면서 깨달았다. 개인의 노하우는 공유되었을 때 자산이 된다.

이 워크숍은 회사의 공식 행사가 아니다. 자발적인 기획에서 시작한 주니어 워크숍을 흐르는 가치는 우정이다. 내가 가진 노하우를 공유해야겠다, 혼란스러울 수도 있는 후배를 도와줘야겠다, 서로 친해져야겠다, 다른 사람이 아닌 바로 내가 애써야겠다는 생각에서 비롯되었다. 서로가 서로를 돕겠다는 마음이 없으면, 누군가의 도움을 받을 수 있을 거라는 기대가 생기지 않는다. 어려움이 있을 때 도움을 청할 수 없다면 같이 있는 사람들의 존재는 무색하다. 그럴 거면 조직이 존재할 이유가 없다. 우정은 플렉시블 워킹으로 일하는 '개인'이 아니라 '조직'에 필수적인 덕목이다.

또 다른 사례는 구성원들이 우정을 쌓고, 이를 보여주는 비공식적 이벤트들이다. 이런 이벤트는 얼마든지 있다. 리더가 주니어 구성원들을 점심 식사에 초대한다. 정작 리더는 나타나지 않고, 메뉴는 미리 주문되어 있다. '맛있게 드시라'는 메시지가 온다. 식사 후 식당 사장님이 어떤 메뉴가 가장 좋았는지 묻는다. 대답에 따라 봉투가 달라진다. 봉투에는 일정 금액과 다음 행선지 힌트가 적혀 있다. '이거 게임이구나!' 다음 장소에는 리더가 심어둔 NPC^non player character가 있다. 다 같이 퀴즈를 맞혀서 힌트를 얻는다. 힌트에 따라 다음 행선지로 이동한다. 리더의 카톡 프로필 사진이 다음 행선지다. 리더가 잡히면 게임 끝. 오후 내내 장소를 이동하는 사이, 우정이 쌓인다. 일명 '사대문 탐험.' 계획형 인간이 많은 조직은 실행하기 어렵다.

다른 게임도 있다. 일명 텔레파시 게임. "'우리 조직' 하면 떠오르는 장소는 어디인가요? ◯월 ◯일 ◯시에 거기서 만나요." 가장 많이 모인 장소에 있는 사람들이 승자가 된다. 적게 모인 장소에 있는 사람들은 많은 사람이 모인 장소로 이동해야 한다. 이런 식으로 두 팀만 남을 때까지 계속한다. 아이디어 회의를 했던 카페, 회식 장소, 번개 모임을 했던 곳, 세미나 행사장 등 조직이 공유하는 장소 리스트가 쌓이고 우정이 쌓인다.

플렉시블 워킹 조직 내에서 발생하는 우정은 일대일 우정이 아니다. 우정을 강요하는 것도 아니다. 우정을 어떻게 강요할 수 있겠는가? 이 우정은 자발성에 기반한 것으로 조직 대 조직으로 움직이며, 결과적으로 조직의 퍼포먼스에 기여한다. 학교로 치면 공식 소풍이나 체육대회가 아니라 옆 반 담임선생님과 우리 반 선생님이 갑자기 조직한 점심시간의 반 대항

축구시합 같은 것이다. 축구 잘하는 친구는 반을 대표한다는 책임감을 느낀다. 축구를 못하는 친구도 한마음으로 응원한다. 나를 뽐내려는 것이 아니라 우리 반을 위해 달리고 소리친다. 그 마음은 자발적인 것이고 진심이다.

생산성 **vs** 공정성 ──────────
회사 성과는 수행평가가 아니다

플렉시블 워킹 제도가 아니라 하더라도 회사의 성과 평가, 그에 따른 성과급 지급은 뜨거운 감자다. 2020년 모 그룹사 직원이 회장님에게 '성과급 기준이 무엇인가요?'라는 이메일을 보내 화제가 되기도 했다.

성과 평가의 핵심 키워드는 '기준'이다. 지금 세대는 결과나 평가에 대한 기준을 묻는 것이 당연한 세대다. 수능 등급제의 멘탈 모델은 기준 안에 드는가 아닌가를 기반으로 한다. 수능은 실력이지만, 수능 등급은 기준이다. 몇 점까지가 몇 등급인지 명확히 제시된다. 기준에 따라 등급을 받는 수능 세대에게는 명확한 기준이야말로 평가의 공정성을 이해하는 지표다. 수능만이 아니다. 중학교 때부터 수시로 보았던 수행평가 역시 기준 안에 드느냐의 문제다. 수행평가 전에 교사는 '반드시' '평가 기준'을 학생들에게 '공지'해야 하며, 정확하게 안내하지 않았다면 문제가 될 수 있다. '학교알리미'라는 사이트의 학교별 공시 정보 페이지에는 그 학기 수행평가 기준이 다 올라와 있다.

이런 환경에서 자란 세대에게 회사가 평가 기준을 공개하지 않는다는 것을 이해시키기란 불가능에 가깝다. 회사가 평가 기준을 공개한다 하더라도, 이들이 수능 등급제나 수행 평가 기준과 같은 것을 기대한다면 어떤 것도 만족스럽지 않을 것이다. 그래서 평가가 중요한 플렉시블 워킹 시스템과 평가 기준에 민감한 세대 사이에 공정성은 논란의 대상이 될 수밖에 없다.

2017년부터 TV 경연 프로그램과 관련하여 '공정성'이라는 키워드가 많이 회자되었다. 회사와 관련해서는 2020년부터였다. 사람들이 말하는 공정성은 정의로움이 아니라 설명 가능한 평가 기준이다. 평가 기준이 각각 '교수님이 판단하신 창의력'과 '정해진 날짜 안에, 3개의 논지를 갖고, 1000~1200자 이

내로 작성한 글'이라면, 무엇이 공정할 거라 기대되는가? 전자와 같은 평가 기준이 발표된다면 학생들은 100% 물을 것이다. "교수님이 판단하시는 창의력의 기준은 무엇입니까?"

회사로 돌아와보자. 만약 평가 기준이 팀의 목표 달성 여부 ○○%, 팀장 평가 ○○%로 정해져 있다면, 팀장의 평가 부분은 '교수님이 판단하신 창의력'과 같은 것이 된다. 회사는 이를 설명해야 한다. 어렵겠지만 회사의 평가는 수행평가가 아니라는 것, 인사는 명령이라는 것, 팀장 평가의 기준은 팀장의 판단이라는 것, 이 모든 것이 바로 회사 평가의 기준이라는 것을 인식시켜야 한다. 공정한(설명 가능한) 평가 기준을 마련하는 것도 중요하지만 그것보다 지금 세대가 학교에서 어떤 평가 방식으로 공부했는지를 이해하는 것이 우선이고, 회사는 학교와 다르다는 것을 인식시키는 것이 그다음이다.

플렉시블 워킹의 또 다른 공정성 이슈는 '팀장님, 쟤 일 안 해요'로 대표되는 업무 배분 문제다. 특정 아웃풋을 내는 것을 조직의 목표로 본다면, 멤버들이 나눠서 하는 것은 공정성의 문제, 목표를 달성하는 것은 생산성의 문제다. 생산성을 고려하면 누가 얼마나 일하는지는 상관이 없다. 한두 사람이 집중해서 하는 게 더 효율적이고 좋은 성과를 낼 수도 있다. 하지만 공정성을 고려하면 모든 사람에게 적절히 배분하여 성과를 내는 것이 옳다. 비록 배분하고 취합하는 것이 추가적인 업무가 될지라도 말이다.

가능하면 하나의 업무에 많은 인원을 배치하지 않는다. '1프로젝트 1인'이면 좋겠지만 현실적으로 어려운 경우가 많다. 그래도 되도록 프로젝트당 2인을 넘지 않는다. 그럼에도 "이 프로젝트에서 팀장님과 어떻게 업무를 배분해야 하는지 모르겠다", "이 정도는 해줄 줄 알았는데 아쉬움이 남는다"와 같이 프로젝트 주/부 분할 문제, 상대에게 했던 기대와 실제의 차이, 서로 다른 스타일의 문제는 계속 언급된다(플렉시블 워킹 제도 시행 8년 차에 접어든 우리 조직 역시 그렇다).

함께 일할 때 서로의 속도와 스타일은 고려하지만 일을 열심히 하지 않는 사람, 수행 능력이 없는 사람은 고려하지 않는다. 고려하지 않는다는 것은 인사권을 발휘해야 한다는 뜻이다. 인사권을 발휘하지 않고 같이 갈 거라면 상대의 업무 스타일을 고려해야 한다. 두 사람의 업무 스타일이 너무 다르다면 중간 지점을 찾기보다는 프로젝트 리더의 스타일을 따른다. 프로젝트 담당자들에게 업무 배분은 맡기더라도, 프로젝트에 담당자를 배치하고, 추가적인 업무를 할당하고, 배치 구조를 바꾸는 일은 별도의 담당자나 협의체를 두어야 한다. 대체로 이는 팀장 회의에서 결정한다. 운영상의 팀은 있지만 '원 빅 팀One Big Team'으로 움직인다. 그래야 팀 간 업무를 자유롭게 이동하고 팀원들의 시간과 손을 촘촘히 활용할 수 있다.

플렉시블 워킹으로 일하는 개인은 공정성보다 생산성에 초점을 맞출 필요가 있다. 조직의 평가가 공정한지보다 나의 업무 방식은 생산적인지를 고려하는 것이다. 반대로 조직은 생산성보다 공정성을 더 신경 써야 한다. 평가 기준이 합리적인지, 더 일하거나 덜 일하는 사람은 없는지, 공정성 이슈로 고통받는 개인은 없는지 돌아보아야 한다.

극단적으로 빨리 일하는 사람이 있다고 하자. 그 사람은 자신에게 주어진 업무를 빠르게 처리하고 대학원을 다니거나 사이드 잡을 한다. 같은 연차의 다른 사람보다 빠르게 업무 수행을 한 그 사람에게 다른 일이 주어져야 하는가, 아니면 생산성이 높은 것은 그의 능력이니 추가로 일을 더 부여하지 않아야 하는가? 공정성을 고려하는 조직이라면 그 사람에게 다른 업무를 주어야 한다. 그리고 빠른 업무 처리 능력의 노하우를 조직원들에게 공유해야 한다. 개인 능력의 우수함은 개인에게 귀속되는 게 아니라 조직과 공유되어야 하는 것이다. 이

것이 프리랜서와 조직 구성원의 차이다.

조직 구성원의 경우, 본인의 업무를 다 처리했다면 지금 다른 사람을 도울 수 있는 상태임을 알려야 한다. 그리고 남을 도와야 한다. 조직 내 업무를 배분하는 사람은 이러한 상황을 지속적으로 살펴야 한다. 누군가는 업무 속도가 빨라서 여유 있게 살고, 누군가는 속도가 느려서 늘 허덕인다면 건강한 조직이라 할 수 없다. 전자가 후자를 돕고, 후자의 스킬업을 위해 조직이 함께 노력해야 한다. 내가 전자라면 억울하겠다고? 일부러 천천히 일할 것 같다고? 그런 사람이라면 같이 일하기 어렵다. 속도가 느린 사람보다 혼자 가려는 사람이 문제가 된다. 앞에서 말한 '우정'이 없는 사람은 플렉시블 워킹 조직에서 함께 일하기 어렵다. 플렉시블 워킹뿐 아니라 그 어떤 제도가 도입되더라도 조직의 기본은 '함께' 일하는 것이다.

'우정'이 없는 사람은
플렉시블 워킹 조직에서
함께 일하기 어렵다.
플렉시블 워킹뿐 아니라
그 어떤 제도가 도입되더라도
조직의 기본은 '함께' 일하는 것이다.

사랑한 플렉시블 워킹을 멈춘 이유

김은경 북스톤 대표

편집자로 출판 커리어를 시작해 북스톤 출판사의 대표를 맡고 있다.
우리 사회에 플렉시블 워킹이란 개념이 생겨나기 이전부터 자유롭게
일하는 방식을 실천해왔다.

대표님은 업무적으로 어떤 스타일인가요?

저는 일을 잘 시키는 사람, 직선적인 커뮤니케이션으로
사람을 피곤하게 하는 스타일이에요. 계속 '그거 아니에
요', '더 하세요'라고 말해요. 이런 업무 스타일은 출판업

의 특성과도 맞닿아 있어요. 출판업은 애정을 기반으로 한 관리 비즈니스입니다. 편집자는 저자에게 포기하지 않고 양질의 피드백을 주어야 해요. 저자가 '좋은 소리 나쁜 소리 다 듣고 싶습니다'라고 말하면 끝까지 피드백을 주지요.

저는 완벽한 영감파이기도 해요. 영감을 위해 효율을 추구하죠. 내가 어떤 상황에서 영감을 얻는지 알고, 적합한 시간대와 환경을 찾아다녀요. 커피 마시면서 이야기할까, 좋아하는 장소에서 이야기할까, 그쪽 사무실에서? 우리 사무실에서? 어디가 영감을 얻기에 좋을지 계속 생각해요. 논의를 빨리 끝내야 하면 사무적인 장소에서, 말이 없는 사람은 의도적으로 영감을 주는 장소에서, 이렇게 전략적으로 선택하기도 하고요.

이런 성향상 저는 플렉시블 신봉자이기도 해요. 밖에 많이 돌아다니는 일을 하고, 효율적으로 시간을 쓰고 싶기도 하고, 자유로운 영혼이기도 하고, 한 곳에서만 일하고 싶지 않거든요.

**대표님이 경험하신 플렉시블 워킹 형태와 경험담을
들려주시겠어요?**

회사에서 플렉시블 워킹을 도입한 건 2022년 5월부터예요. 코로나19로 인해 한시적으로 재택근무를 하다가 월수금은 사무실 근무, 화목은 각자 편한 장소에서 자율근무를 했죠. 그와 별개로 개인적으로는 회사 밖에서 자유롭게 일하고 싶은 열망이 있어서 워케이션workcation을 꾸준히 시도했습니다.

[제주도 10일] 제주도라는 환경에 나를 넣어보는 테스트를 했어요. 단순하게 살았어요. 크리에이티브 워크를 위한 숙소에서 바닷가 러닝하고 바로 일했지요. 어디 돌아다니지도 않고요. 개인적으로 나쁘지 않다고 생각했지만 제주도 물가와 숙박비를 고려하면 비현실적이에요. 마감이 있는 주에 '씽크 위크' 용도로는 가능하지 않을까 싶습니다.

[부산 10일] 직원과 함께 워케이션 실험을 했어요. 일부러 마감 주간에 갔어요. 숙소는 직원이 골랐는데, 영감과 효율 사이에서 갈등한 것 같아요. 광안리 앞 숙소였는데, 너무 노는 곳은 일하기에 적합하지 않더라고요.

볼거리가 많은 곳에서 보고 있지 않다는 것은 죄책감을 불러일으켜요. 저녁마다 사람을 만나고 아침 일찍 일어나서 바닷가 러닝을 하니 직원은 힘들었을 거예요.

〔교토 5주〕 '1년에 한 달은 해외에서 일해야지' 하는 결심으로 교토에 에어비앤비를 얻었어요. 벚꽃을 보면서 일하고 싶었거든요. 그런데 일에 집중하기 어려운 변수는 벚꽃만이 아니었어요. 가장 큰 문제는 의외로 '가사노동'이던데요. 호텔 같은 숙소에서는 하지 않아도 되던 일들이 허들이었지요. 나 혼자도 이러한데 챙겨야 할 어린 아이나 부양해야 할 누군가가 있다면 어떨까 싶더라고요. 그런 환경을 치밀하게 고려해야겠구나 싶었어요. 물론 벚꽃도 변수예요. 사진이 취미인데, 심지어 벚꽃 사진을 안 찍을 수는 없었어요. 주중에는 9~6시 일을 하고, 주말에는 관광도 하고, 일본에 있는 저자 미팅도 했어요. 업무 경험도 색다르고 좋았지만, 현실적인 비용 문제가 있어 일반화하기는 어려울 것 같았습니다.

〔고성 5일〕 맹그로브 고성 앰배서더로 평일 5일을 제안받았는데 일정이 여의치 않아 2일만 체험했어요. 생각보다 꽤 오랫동안 머무는 사람들이 있어서 놀랐습니다. 프

리랜서든 조직의 일원으로 일하는 사람이든 의외로 중요하게 여기는 건 '다른 사람과의 만남'입니다. 워케이션을 하러 오신 분들은 자신과 같은 취향과 생각을 가진 다른 업계 사람들을 만나면서 일종의 연대감을 느끼더라고요. 맹그로브도 이를 많이 유도하고고. 직장인은 '바닷가에서 즐기지도 못하고 일만 할 거면 여기 왜 왔어?' 하는 억울함을 상쇄시켜야 해요. 워케이션에도 소속감이 필요하다는 것을 느꼈습니다.

플렉시블 워킹을 시행하면서 기대한 바는 무엇인가요?

작은 회사는 개개인의 파워가 중요합니다. 일당백을 해야 하는 작은 회사에서 직원들의 경쟁력은 '피지컬'이라고 생각했어요. 트렌드를 따라가는 것도 중요하겠지만 물리적인 컨디션이 더 중요하다고 본 거죠. 대표와 사원이 바로 붙어서 일하다 보면 정신적 피로도가 빨리 쌓이기 때문에 직원들의 정신적 피로를 벌충해주고 싶었어요. 아침 시간에 운동하기를 바랐고, 만남의 피로도 줄여주고 싶었고, 출퇴근의 피로도 덜어주고 싶었어요. 개인적인 욕구도 있지만 직원들이 스스로 어떻게 일하는 스타일인지 발견하기를 원했습니다. 그러면 근속 연수가 늘고 회사가 잘 돌아갈 거라고 엄청나게 자신했어요.

1년 2개월 만에 플렉시블 워킹을 멈춘 이유는 무엇인가요?

직원들의 성장과 피드백, 무엇보다 시대의 흐름을 읽는 데 적합하다고 생각하지 않아 어느 날 플렉시블 워킹을 멈춘다고 통보했지요. 출판은 단순히 원고만 있다고 되는 일이 아니라 이 시기에 어떤 책을 낼지 사회의 흐름을 읽으면서 서로 점검해줘야 합니다. 시안 올리고, 진도 체크하고, OX 치는 게 아니라 생각을 교환해야 하죠. 오랜만에 만난 친구와는 겉도는 이야기만 하기 쉬운 것처럼, 급하게 만나 회의만 하는 관계에서는 시대의 흐름이나 깊은 의견을 나누기 어렵습니다. 피지컬 경쟁력을 지키기 위한 제도가 서로의 성장과 피드백에 도움이 되지 않는다면, 이 제로섬 게임을 굳이 할 필요가 없다고 생각했어요.

비슷한 일을 하는 분과 이야기하다 '요즘 개발자는 많은데 글을 (업으로 삼아) 잘 쓰는 사람이 문화재급으로 귀하다'는 말을 들었어요. 공감합니다. 환경 변화를 봤을 때 책 읽는 사람도 점점 줄어들 거예요. 글 잘 쓰는 사람이 드물고 책 읽는 사람도 줄어드는데 회사가 성장과 피드백으로 나아가지 못한다면 문제가 되죠. 플렉시블 워킹을 멈춘 것은 생존을 위한 통보였어요. "주 4일제가 곧 올 거다. 멀리 보는 생각을 하고 새로운 시대, 새로운 일의 방식에 적응하자"고 했지요. '아침 시간에 운동할 수 있었는데 서운하다', '음악 크게 틀어놓고 일하는 거 좋았는데 아쉽다'는 목소리가 있었지만, '만나서 일했을 때 빨리 끝난다', '마음은 오히려 편하다'는 의견도 있었습니다. 9시 30분이 출근 시간인데 앞뒤 2시간 유연하게 출근 가능하고, 컨디션이 좋지 않으면 알아서 재택하고, 일주일까지는 시차 다른 외국에서 근무하기 등은 열어두었습니다.

플렉시블 워킹을 멈춘 사장님이 전하는 교훈

◦ 플렉시블 워킹은 목표가 아니다, 직원의 성장과 구성원 간 피드백을 주고받는 데 방해가 된다면 멈춘다.

- 워케이션은 금전 문제, 집안 사정(가사 노동, 육아, 가족 관계), 즐겨야 한다는 강박, 네트워크라도 얻지 않으면 안 된다는 억울함 등 고려할 사항이 많다.
- 조직 내에서 워케이션을 허용한다면 이에 대한 목표를 합의해야 한다(예: 잘한 직원에 대한 격려, 기회를 얻지 못한 직원에 대한 동기 부여, 돌아가면서 리프레시, 플렉시블 워킹에 대한 실험 등).

4장

플렉시블 워킹 제도와 도구들

정보를 공유하며
같은 원칙으로 움직이기

플렉시블 워킹의 원칙은 '워킹'이다. 일이 돌아가야 한다. 그러지 않다면 멈추거나 방해물을 제거해야 한다. A와 B가 함께 일하는데 둘의 업무 방식이 다르다면, 최선의 방법은 무엇인가? 더 나은 아웃풋을 낼 수 있도록 하는 것이다. 함께 일하는 이유는 주니어를 교육하기 위한 것도 아니고, 팀장님 마음 상하지 않게 하려는 것도 아니다. 좋은 결과를 얻기 위함이다. 그 과정에서 나오는 감정적 부산물은 좋은 아웃풋보다 우선순위가 밀린다.

'일이 되도록 하라'는 원칙은 상대적으로 주니어에게 어려운 명제다. 휴가 문제만 해도 그렇다. 다른 사람들은 자유롭게 쓰는 것 같은데 본인은 언제 어떻게 써야 할지 눈치가 보인다. 어떤 업무가 언제 시작될지, 이 프로젝트가 실제로 언제 끝날지 가늠하기 어렵기 때문이다. 그러다 보니 프로젝트 한가운데에 휴가를 내기도 한다. 이를 방지하기 위해 휴가 관련 규칙을 만든다. 일주일 이상의 휴가는 한 달 전 리더까지 협의, 3일 이상 휴가는 2주일 전 프로젝트 리더와 협의, 2일 이하 휴가는 일주일 전 프로젝트 리더 및 팀 리더와 협의 등등. 규칙을 만든 사람들도 외우기 힘들 정도다.

휴가는 협의하고 허가를 득해야 하는 것이지만 어떤 면에서는 개인의 것이다. 프로젝트 일정과 개인 일정을 조율하지 못하면 하루도 빼기 어렵다. 한 달 전에 휴가를 미리 계획하는 것도 늘 가능한 것은 아니다.

일이 돌아가야 한다는 원칙을 이해하는 사람은 당장 내일이라도 휴가를 내고 허가를 얻을 수 있다. 일이 돌아가는 것에 방해가 되지 않게 할 수 있기 때문이다. 하지만 일의 전체 흐름을 보지 못하는 사람은 휴가 낼 시점을 잡기가 어렵다. 그러니 프로젝트가 한창 진행 중이라 다들 바쁠 때 휴가를 내고도 나는 휴가 관련 규칙을 따랐으니 문제없는 것 아니냐고 주장하는 형국이 되는 것이다.

플렉시블 워킹을 시행하면서 미리 정한 규칙이 성공한 사례는 많지 않았다. 문제가 되는 상황이 발생하면 앞으로 이러지 말자고 사후 협의를 하는 편이 낫다. 사후 협의에 대한 규정집은 만들지 않는다. 규칙은 성문법이 아니다. 원칙에 맞게 유연하게 대처하면 된다. 이를 위해 중요한 것은 정보 공유다.

정보를 공유하는 여러 디지털 도구도 있지만, 우리 부서는 '모두의 모임'이란 제도를 마련했다. 월 1회, 모든 구성원이 모여 프로젝트 노하우 '공유회'를 갖고, 조직 유튜브 현황 등 매달 돌아가는 일들에 대해 진행 상황을 짧게 공유한다. 콘텐츠 발행 아이디어 회의도 진행하는데 본인의 개인적 경험, 프로젝트 경험 등이 여기서 자연스럽게 공유된다. '모두의 모임'은 구성원이 돌아가면서 한 달씩 주관한다. 프로그램은 대체로 같으며, 회식 메뉴를 정하고, 봄, 가을 특별 이벤트를 준비한다. 이벤트 기획은 주관자의 몫이다.

공유회는 보고회와 다르다. 한 사람 혹은 몇몇을 향해 준비해온(대체로 시간을 많이 들여 준비한) 보고서를 읽는 것이 아니라 모두가 알아야 할 내용을 공유하는 것이다. 규칙은 없지만 같은 원칙으로 움직여야 할 때 정보 공유는 필수다. 그러기 위해 정보가 위아래 좌우 앞뒤로 자유롭게 공유될 수 있도록 모두가 친해져야 한다. 우정이 반드시 필요한 이유가 여기서도 강조된다.

자율좌석제, 자율근무시간, 거점오피스, 워케이션

처음으로 플렉시블 워킹을 시행하는 조직이라면, 1단계(자율좌석제)부터 4단계(워케이션)까지 차근차근 스텝을 밟아갈 수 있다. 우리 부서도 일반적으로 말하는 것들은 다 해보았다. 그 과정에서 앞서 살펴본 다양한 시행착오를 겪기도 했다.

재택근무 등을 경험해본 조직은 많겠지만, 앞서 말했듯이 재택근무와 플렉시블 워킹은 다르다. 처음 플렉시블 워킹을 시행할 때 무엇을 해야 하는지 각 단계는 무엇인지 하나하나 찬찬히 살펴보자.

1단계: 자율좌석제

우리 회사의 경우, 지금은 전체가 자율좌석제이지만 우리 부서만 플렉시블 워킹을 시행할 때는 우리 부서원만 앉는 구역을 정해 그 안에서 자율좌석제를 시행했다. 자율좌석제는 본인이 앉고 싶은 자리에 앉는 것이다. 사무실에 나오지 않은 사람은 아무 곳에도 앉지 않는 것을 선택한 것이다.

일단 자리에 놓인 물건은 모두 치운다. 각자의 서랍장이나 사물함을 배치한다. 인원수보다 자리가 부족하다면 예약제 같은 시스템이 필요하겠지만 자리가 많이 부족하지 않다면 오는 순서대로 선택한다. 대부분 습관적으로 앉는 자리에 앉는다. 선택지가 많지만 대체로 선호하는 자리는 정해져 있다.

2단계: 자율근무시간

완전한 플렉시블 워킹을 시행하기 전에 구성원들 각자 플렉시블 워킹을 하는 요일을 정할 수 있다. 반대로 특정 요일은 꼭 회사에 나오기로 정할 수도 있다. 요일별로 돌아가면서 플렉시블 워킹 데이를 정하기도 하고, 특정 요일에 모두가 플렉시블 워킹을 하기로 정할 수도 있다. 요일은 정하지 않고 주 1회 혹은 월 1회와 같이 횟수를 정할 수도 있다. 내가 속한 조직은 월 1회 재택근무를 시행하다가 2주간의 과도기를 거쳐 급진적으로 전면 플렉시블 워킹에 들어갔다. 몇몇은 기다렸다는 듯이 사무실에 나오지 않았고, 다른 사람들도 점차 사무실에 오지 않는 횟수를 늘려갔다.

횟수나 특정 요일을 정하는 방식은 과도기에는 적절하지만, 이를 지속하는 것은 추천하지 않는다. 완전한 플렉시블 워킹이어야 자기만의 방식을 만들 수 있기 때문이다. 특정 요일 하루를 위해 의자를 사거나, 자기 루틴을 개발할 사람은 없다. 임시는 임시의 결과만 가져올 뿐이다.

3단계: 거점오피스

자기만의 거점오피스는 중요하다. 일할 곳을 매번 찾아다닐 수는 없다. 플렉시블 워킹 초기에는 회사 사무실 아니면 회사 근처 카페, 본인의 집 정도가 일할 수 있는 공간으로 인식되었다. 서울 시내 일하기 좋은 곳 리스트, 개방형 공유오피스 정보를 공유하기도 했다. 하지만 결국은 일할 수 있는 장소의 리스트를 각자 쌓게 된다. 각자 나름의 이유와 방법으로 만든 리스트이기에 공유해도 별 쓸모는 없다.

나의 경우, 모든 곳이 거점오피스다. 내가 방문해야 하는 클라이언트 회사 근처의 프렌차이즈 카페가 1순위, 클라이언트 회사 내 접견실이 2순위, 집 근처 카페가 3순위다. 함께 회의하는 공간으로는 회사 사무실이 1순위, 택시 등 이동 공간이 2순위, 조용한 카페나 룸이 있는 카페가 3순위다. 플렉시블 워킹 초기에는 누구네 집에 가서 같이 하기도 하고, 누구네 집 근처 카페에서 만나기도 했다.

플렉시블 워킹 8년 차가 되니 이제 다들 자기만의 거점오피스가 있다. '이 일을 할 때는 이곳에서'라는 공식을 만드는 경우가 많고, 집중과 영감에 적합한 곳을 여기저기 찾아다니기도 한다. 물론 이때도 리스트는 존재한다. 업무를 시간 안에 마무리해야 하는 직장인이 영감을 찾아 한없이 돌아다닐 수는 없기 때문이다. 누군가를 만나야 할 때는 회사가 최적, 한쪽의 시간이 여의치 않다면 그 사람이 있는 곳 근처 카페, 그 외에는 화상 공간이 최적이다.

회사 차원에서 거점오피스를 만드는 경우도 있다. 강북에 위치한 회사가 강남에 거점오피스를 만들고 그쪽이 편한 사람은 그쪽에서 일해도 된다는 규칙을 만드는 식이다. 하지만 팀 전체가 이동해서 강남 거점오피스에서 일하거나 파트너사와 회의하기 위해 거점오피스를 이용하기는 해도, 개인이 자유롭게 거점오피스로 출근하기는 어렵다. 그만큼 자유로운 플렉시블 워킹 문화를 갖고 있다면 거점오피스로 굳이 출근할 이유가 없고, 자유로운 분위기가 아닌 회사라면 '저는 집 근처 거점오피스에서 근무하겠습니다'라는 말을 꺼내기가 어렵다. 반면 업의 특성상 사무실과 위치가 다른 지점이나 공장을 자주 방문해야 한다면 그 근처의 거점오피스는 의미가 있을 것이다. 강남, 강북 정도가 아니라 서울과 지방, 예를 들어 세종시 정부 청사 측과 미팅이 잦다면 세종시에 거점오피스를 둘 수도 있다. 하지만 회사 입장에서 사무실 임대료 절감 효과를 기대한다면 지방 거점오피스는 의미가 크지 않다.

4단계: 워케이션

한국에서 워케이션은 가능할까? 결론부터 이야기하면, 나는 문자 그대로의 워케이션이 1~2년 안에 실행되기는 어렵다고 본다. 공급자(지방 정부나 관광청) 입장에서는 기대가 높지만, 사용자(회사 혹은 회사 구성원) 입장에서는 기대하기가 어렵다.

공급자에게 워케이션은 추가적인 관광 수요 확보, 특히 평일과 비수기의 수요 확보, 지방 인구 감소 속에서 정주 인구 확보 차원에서 매우 매력적인 사업이다. 제주, 부산 등이 지방 정부 차원에서 투자와 홍보를 적극적으로 하고 있다.

그럼 누가 갈 것인가? 사용자는 회사와 그 구성원으로 나뉜다. 회사는 복지 차원에서 이를 고려할 수 있다. 다른 많은 회사가 워케이션을 복지의 한 부분으로 구성한다면 사회적 압력에 의해 어쩔 수 없이 이를 채택할 가능성은 있다. 하지만 다른 회사가 시행하지 않는데 굳이 먼저 워케이션을 시행할 이유는 하나도 없다. 누구를, 어떤 방식으로 선택해서 워케이션을 시행하게 할 것인가. '바다가 보이는 숙소에서 한 달간 워케이션 가능'이라는 복지가 있는데 직원 모두가 언젠가 그 혜택을 누릴 수 있을 거라는 기대가 없다면 공정성 이슈가 나올 수도 있다. 워케이션을 둘러싼 논쟁은 예상 가능하고, 이에 따른 직원 만족도 제고와 생산성 확보는 확신하기 어렵다.

개인이 한동안 지방이나 해외에서 근무할 수밖에 없다면 그 사정을 봐줄 수는 있지만, 회사가 돈을 들여 특정 장소를 제공하면서까지 휴가와 일을 동시에 즐기라고 종용할 이유는 없다. 휴가는 본인의 몫이다. 퇴근 이후 서핑을 하든, 보드를 타든, 매일이 여행인 것처럼 살든, 그건 본인의 자유고 본인의 몫이다. 회사는 구성원에게 일하는 공간과 시간에 대한 선택권을 부여할 수 있지만 휴가와 휴식의 형태까지 관여할 수는 없다. 프리랜서가 아닌 직장인에게 워케이션을 허가하는 것은 어찌 보면 월권이다. 사무실 이외 장소에서의 근무를 긴 시간 동안 허용하는 것에 '워케이션'이라는 (휴가를 내포한) 언어를 사용할 필요도 없다.

내가 속한 회사도 워케이션 제도를 만들 필요를 느끼지 않는다. 이런 경우는 있었다. 코로나 기간에 싱가포르에서 근무하는 남편과 같이 있고자 하는 직원에게 그곳에서의 근무를 허용한 적이 있다. 당시 그 직원은 임신 중이었는데, 싱가포르에 가지 않으면 출산 때 남편이 한국에 올 수 없는 상황이었다. 입국 심사는 까다로웠고 격리 의무 기간도 길었다. 출산을 앞두고 그 직원은 싱가포르에서의 원격 근무를 신청했고 회사는 이를 받아들였다. 그는 싱가포르에서 성실히 일했고 대면 미팅에도 화상으로 참여했다. 코로나로 인해 화상회의 시스템이 자리 잡았다. 코로나 이전부터 지방 공장, 지방 사무실에 있는 사람과 미팅할 일이 많은 회사는 이런 시스템을 갖추고 있었다. 지금도 그런 경우가 많다. 몇몇은 대면으로 만나고 몇몇은 화상으로 참여하는 상황, 더 많은 사람이 들을 수 있게 보고회를 화상으로 진행하는 경우, 차가 막혀 미팅에 늦는 사람이 화상으로 참여하고 있다가 현장에 나타나는 경우 등 대면이 어려운 사람들과의 미팅은 충분히 가능하다.

이 사례에 굳이 '워케이션'이라는 이름을 붙일 필요는 없다. 그 직원은 멀리서 생활한 것이지 휴가를 떠난 게 아니다. 퇴근 이후 그가 싱가포르에서 여행을 즐겼는지 여부는 회사와 무관하다(코로나 기간이라 여행은 어려웠다고 한다).

이와 같은 이유로 워케이션은 회사나 구성원 입장에서 매력도가 떨어진다. 하지만 근사한 휴가지에 위치한 거점오피스는 적어도 구성원에게는 매력적이다. 강원도 휴가지 근처에 거점오피스가 있다고 하자. 강원도 가족 휴가를 계획한 A가 이틀 앞서 강원도에 도착하여 거점오피스로 출근하고 본격적으로 휴가를 즐길 수 있다. 워케이션 숙소처럼 사무실이 붙어 있지 않아서 퇴근하는 맛도 있다.

휴가지의 거점오피스는 워케이션처럼 숙소까지 제공할 필요가 없으므로 많은 사람을 수용할 수 있고, 공유 오피스처럼 공간 활용도를 높일 수 있다. 숙소는 근처 숙소를 연계할 수 있다. 워케이션 말고 색다른 경관을 제공하는 거점오피스는 직원 만족도도 높이고 지방 활성화의 구원 투수가 될 수 있을 것이다. 하지만 플렉시블 워킹 제도가 자리 잡고 난 뒤에 고려할 사항이다. 모두가 같은 시간에 같은 사무실에서 근무하다가 멀리 지방 거점오피스에 뚝 떨어진다면, 일이 안 되거나 오히려 번아웃이 올 수 있다.

도와줘 쿠폰, 워크 위드 미,
자발적 워크숍

플렉시블 워킹을 시행하는 동안 우리 부서에는 자연스럽게 여러 제도가 생겨났다. 꼭 이용해야 하는 제도는 아니고 예산이 책정된 제도도 아니다. 당연히 의무도 아니다. 모두 우정에서 기인한 것들이다. 몇 가지를 소개하면 다음과 같다.

도와줘 쿠폰

다음은 작년에 내가 발행한 쿠폰이다.

| 안녕하세요, 여러분,

'나 좀 도와줘 쿠폰' 발행하려고요.

8월 2일 수요일 오전 10~11:30, 2층 미팅룸 잡아두었습니다.

OOO 파트에 대해 상의하려고 합니다.

제가 쓴 글의 내용을 듣고 첨언해 주시면 됩니다.

시간 되시는 분은 달력에 표시해 주세요. 참석 부탁드립니다.

모두 참석이 불가하면 그 시간 저 혼자 열심히 고민하면 되니 부담

갖지 않으셔도 됩니다.

감사합니다.

    '나 좀 도와줘 쿠폰'은 회사의 공식적인 제도는 아니다. 플렉시블 워킹 시행 1년 차쯤에 생긴 제도 같다. 보고서 결론 쓸 때, 보고서 시작 전 가설을 잡을 때, 신상품의 페르소나를 잡을 때, 《트렌드 노트》 책을 쓰는데 시작이 안 될 때, 어느 정도 썼는데 확신이 안 설 때, 강연을 앞두고 목차 구성이 안 될 때, 중요한 강연을 앞두고 연습해보고 싶을 때, '나 좀 도와줘 쿠폰'을 발행한다. 특정 시간과 장소를 정하고 모여달라고 하는 것이다. 이 주제에 대해 할 말이 있거나, 도움을 주고 싶거나, 그 장소에서 제공하는 베네핏에 끌리는 사람들이 모인다.

초기에는 꽤 특별한 장소를 잡았다. 서울 시내가 한눈에 내려다보이는 카페, 호수공원 근처 카페, 식물로 꽉 찬 핫한 카페 등. 하지만 쿠폰 발행이 일상화되면서 회사 회의실이 일반적인 장소가 되었고, 모이는 사람은 적어졌다. 쿠폰이라는 말을 굳이 붙이지 않기도 하고, 꼭 필요한 사람을 미리 초대하기도 한다.

핵심은 '너의 일이 아닌 줄 알지만 나를 도와달라'고 요청하는 것이다. 메신저가 아니라 이메일로, 개인 대 개인이 아니라 개인이 모두에게 요청하며, '이번에는 내가 받고 다음에는 내가 줄 것도 있겠지'라는 마음이 작용한다. 반드시 받은 사람에게 되갚지 않아도 된다. 정보와 노하우와 도움의 손길이 조직 내에서 돌기만 하면 된다. 내가 힘들 때 조직에 도움을 요청할 수 있다는 그 자체가 중요하다. 동기들의 단단한 클러스터, 형동생 하는 특별한 사이와 같은 개인적 파벌을 경계하고 보편적 우정을 쌓는 것이다. 학교 교실로 치면 친한 무리가 아니라 2학년 6반 모두 두루두루 친하기를, 우리 반이라는 소속감을 갖기를 지향한다.

워크 위드 미

'워크 위드 미'는 같은 이름의 브이로그 방식을 차용하여 조직 구성원들이 화상회의를 열어두고 말없이 각자 일하는 것이다. 《트렌드 노트》 책을 쓰다가 시작된 것 같다. 8년째 구성원들이 《트렌드 노트》를 쓰고 있다. 처음 참여하는 구성원도 있고 몇 차례 참여한 구성원도 있다. 하지만 자기 이름을 걸고 자기가 창작하는 내용만으로 1만 자 이상의 분량을 쓰는 건 모두에게 만만치 않은 일이다. 좋은 글이든 나쁜 글이든 우선 엉덩이를 붙이고 써내야 한다. 아이디어나 검토를 위해 '도와줘 쿠폰'을 발행하고, 인내심 있게 쓰기 위해 '워크 위드 미'를 제안한다. 제안은 자유, 참여도 자유다. 단, 일단 참여하면 말하기 금지, 메신저 금지, 정해진 시간 동안 나가기 금지다.

자발적 워크숍

워크숍은 비교적 긴 시간을 비교적 많은 사람이 도망가지 못한 채 한자리에 붙잡혀 있는 형국을 띤다. 강제되면 참으로 못할 짓이지만, 자발적으로 참여한 자리라면 매우 효과적이다. 나는 워크숍만 가면 소화가 안 되는 병이 있다. 대체로 워크숍에 끌려가서 제대로 참여도 못 하고 다른 사람을 신경 쓰이게 해 괴로웠다. 코로나 덕분에 1박 2일의 워크숍이 사라져 너무 좋았다.

그러다 플렉시블 워킹을 하면서 몇 번의 자발적 워크숍을 경험했다. 내가 직접 참여한 경우도 있고 참관만 한 경우도 있다. 앞서 3장에서 소개한 주니어 역량 강화를 위한 워크숍이 자발적 경우의 한 사례다. 생활변화관측소 기획 워크숍 또한 필요에 의해 기획된 워크숍으로, 총 세 차례 이루어졌다. 다시 말하면 예산이 잡혀 있지 않은 워크숍이었다.

자발적 워크숍의 공통점은 4가지다. 하나, 자발적 참여자만 초대한다. 둘, 친목 도모를 목표로 하지 않는다. 친목이 도모될 수는 있지만 그것이 의도적 목표는 아니다. 셋, 숙박을 강요하지 않는다. 집에 가고자 한다면 늦게라도 집에 간다. 넷, 프로그램에 참여하는 것이 아니라 토론에 참여하는 것이다. 토론을 길게 하기 위해서 워크숍을 연다.

워크숍은 단기간에 친밀도를 확 높일 수 있는 효과적인 방법이다. 플렉시블 워킹처럼 개인으로 일하는 조직에서 필요한 방식이라 할 수 있다. 단 이것이 의무가 되어 서로를 괴롭히는 방식이 되지 않도록 유의해야 한다. 가을마다 워크숍을 간다고 정하기보다, 워크숍 예산을 잡아 놓고 필요해서 기획된 위크숍에 그 예산을 사용하는 것이 좋다. 교통비, 숙박비는 개인이 부담하고, 최소한만 회사 지원을 받을 수도 있다. 워크숍을 가는 것 자체가 목적이 되거나, 워크숍 프로그램을 계획하는데 너무 많은 에너지를 써야 한다면 가지 않는 편이 낫다.

이메일, 전화,
문자 메시지, 즉석 미팅

플렉시블 워킹에서 가장 중요한 감각 중 하나는 '공유'의 감각이다. 얼마나 자주, 어떤 방법으로, 무엇을, 누구와 공유할 것인가? 정해진 기간 동안 프로젝트를 진행한다고 치자. 매니저와 4번의 만남이 기획되어 있다. 킥오프 미팅, 1차 공유, 2차 공유, 최종 공유. 그렇다면 그 외에는 공유하지 않아야 하는 건가? 프로젝트를 같이하지 않는다면 공유할 필요가 없는가? 휴가 계획은 공유 사항인가? 집 이사 일정은 너무 개인적인 일인가? 공유하지 않으면 피드백을 듣거나 나의 상황을 알릴 길은 없고, 공식적인 만남은 너무 멀다. 어떻게 해야 할까?

무조건 자주 커뮤니케이션해야 한다. 어려운 사이일수록 자주 커뮤니케이션하면서 무엇이 할 말이고 무엇은 안 해도 될 말인지 감각으로 익혀야 한다. 드문드문 만나서 진척 없는 이야기를 하지 않도록, 같은 감각을 공유할 수 있도록 계속 커뮤니케이션해야 한다. 어떻게? 비공식적 미팅과 만남 이외에 가능한 공유 방식을 소개한다.

이메일

A는 매니저와 함께 미팅을 가지 않은 경우, 매니저에게 이메일을 남긴다. 미팅 때 이런 말이 오갔고, 이런 분위기였고, 이런 게 고민스러웠고, 이런 부분을 배웠다 등 업무와 결부된 이야기지만 개인적인 소회가 담뿍 담겨 있다.

> ○○님, 안녕하세요?
> 진행 상황 살짝 공유드립니다.
>
> 1. ○○○ 프로젝트
> 담당자분과 오래 통화했고요.
> 담당자분의 의견은

1) …

→ 차주 미팅을 통해서 해결하자고 했어요.

2) …

→ 제가 드린 말씀은 … 이에요.

저의 결론은, … 이에요.

그래서 저도 … 하도록 마음먹었습니다.

2. OOO 프로젝트

오늘 아침에 갑자기 미팅을 하게 되었는데요.

… 이야기가 나왔고, 그래서

1) …

2) …

결국 …인 것 같아서 …하기로 했습니다.

3. OOO 신규 기획

제가 같이하겠다고 손 들었어요.

아무래도 … 더 좋지 않을까 생각했습니다. ㅎㅎㅎ

주요한 내용은 이상입니다!

감사합니다.

OOO 드림.

공식적인 주간 미팅, 각 프로젝트 중간 점검 회의가 있지만, 이와 별개로 A는 수시로 생각을 정리하고 상황을 공유한다. 의사결정이 필요하다면 전화를 하거나 이메일을 써서 답을 구한다. 이와 같은 공유 이메일은 답장을 요하는 게 아니다. 공유하라고 강요하지도 않는다. 이는 A가 선택한 하나의 방법이다.

전화

B는 매니저의 의사결정이 필요한 경우 전화를 하고, 통화한 김에 이러저러한 사안을 공유한다. B와 매니저는 거의 매일 통화한다. 일단 가장 먼저 궁금한 사항을 해결한다. "이거 어떻게 할까요?", "이거 이렇게 하려고 하는데 괜찮을까요?", "이거는 뭘로 할까요?" 그런 다음 그와 관련된 다른 사항을 공유한다. "요런 일도 있었습니다", "요런 사항이 있는데 이렇

게 했습니다" 등등. B는 작은 의사결정과 일상적인 문제들은 전화로 바로 해결한다. 대체로 혼자 결정할 수 없는 어려운 일이거나 예상과 다르게 흘러간 일이지만, 불만이나 투정으로 흐르지 않도록 조심한다. 매니저 역시 한숨 쉬거나 상황을 비난하지 않고 문제 해결에 집중한다.

'단호하고 친절하게.' 이는 직급이 올라갈수록 새겨야 하는 말이다. 상대의 전화에 단 한 번이라도 불퉁스럽게 대하면 상대는 전화하기 어려워진다. 커뮤니케이션은 플렉시블 워킹의 당연한 결과일 수도 있고, 그동안 문화적으로 중시하지 않았던 것일 수도 있다. 커뮤니케이션은 업무의 하나로 받아들여야 하고, 기술을 연마해야 하는 일이다. 첫 번째 기술은 '친절하게'다!

문자 메시지

C는 주기적으로 긴 문자를 보낸다. 프로젝트 때문에 주기적으로 커뮤니케이션해야 할 때는 당연히 더 자주 하고, 매니저와 직접적으로 하고 있는 일이 없을 때도 본인의 상황을 문자로 공유한다. 아마도 C 스스로 정한 주기와 원칙이 있을 것이다. 공유 방법으로 문자를 선택한 것은 문자가 이메일보다

는 가볍고, 카톡보다는 형식을 갖췄다고 여겼기 때문이 아니었을까 한다. 최근 C가 보낸 문자를 하나 소개하면 다음과 같다. 공백을 제외하고 600자다.

> 안녕하세요 ○○님.
>
> 방금 ### 보고서 작성 마치고 송부하였습니다:)
> 프로세스적으로는 …
> 특성으로는, … 그래서 … 느낌으로 진행했고, … 될 것 같습니다.
> 공부할 게 많은데, …
> 실제로 … 입니다.
> 페르소나를 생각하자면, … 이라고 봅니다.
> 좋게 보면 …, 나쁘게 보면 …
> 여튼 …
> 공유할 기회가 있으면 좋을 것 같습니다.
> 아, 그리고 &&&은 다음 주 월요일 오후에 진행되는데요, 주제는 …

답장은 '좋네요', '고맙습니다' 정도면 충분하다. 문자를 읽었고, 상황을 공유해준 것에 감사를 표하면 된다. 의견이 있으면 답하지만, 추가적인 지시나 과제를 주지는 않는다.

즉석 미팅

D는 매니저의 상황을 잘 알고 있다. 구글 캘린더에 공유되는 매니저의 일정을 보고, 매니저가 현재 어디에 어떤 상태로 있을지 추정한다. 회사에 있고 잠깐 대화 나눌 만한 시간이 있겠다, 어떤 미팅 중인데 언제쯤 끝나겠구나, 여기서 저기로 이동 중일 것 같다 등등. 추정은 거의 맞다. D는 매니저가 회사에 있고 잠깐 대화 나눌 만한 그 순간을 노린다. 사내 메신저로 "○○님, 회사에 계세요?"로 시작해, "시간 되시면 잠시 뵐 수 있을까요?"라며 약속을 잡고 즉석 미팅을 진행한다. 이렇게 상황 공유, 문제 해결, 사안에 대한 의견 교환, 급하지 않지만 영감을 얻는 짧은 미팅이 이루어진다. 회의실을 잡을 필요도 없다. 옥상이나 층계참, 휴게실 소파에서, 회사 주변을 걸으면서 대화한다. 그야말로 '라포rappo' 형성의 시간이다. 라포란 '의사소통에서 상대방과 형성되는 친밀감과 상호 신뢰 관계'라는 뜻이다. 라포가 형성되어야 짧고 잦은 교감의 미팅이 가능하고, 그런 미팅으로 라포가 형성된다. 라포가 형성되어 있으면 형식은 무관하다. 형식을 고르고 형식에 맞는 표현

을 고르는 데 시간과 에너지를 쓰지 않아도 된다. 즉석 미팅을 할 수 있는 사이라면 플렉시블 워킹으로 커뮤니케이션이 어렵다고 느끼지 않을 것이다.

앞의 사례들은 모두 실제다. 대단한 노하우는 아니다. AI 비서가 필요한 것도 아니다. 다만 하는 것과 하지 않는 것은 천지 차이다. 실제로 못 하는 사람이 많다. 플렉시블 워킹을 실행했을 때 "자주 공유하자"라는 공허한 말보다는 "다른 사람은 이렇게 공유한다"는 방법을 알려주고 "이번 달 안에 한 번 해보자"라고 약속해보자. 매니저나 리더가 모든 것을 알기는 어렵다. 설령 모든 것을 안다 하더라도 아는 것과 직접 듣는 것은 다르다. 공유를 독려하고 나름의 방법으로 공유하는 문화를 만들어야 한다.

공유를 멈추게 하기는 너무 쉽다. 세 번 아니 두 번만, 아니 단 한 번이라도 누군가 공유한 사항에 추가적인 숙제를 부여한다면 더는 공유하지 않게 될 것이다. 공유한 사항에 잔소리를 들어도 마찬가지다. 입을 다문 중학생의 논리와 같다. 엄마에게 "학교에서 이런 일이 있었어"라고 말했는데 "너는 그러니까 문제야"라고 잔소리를 듣게 된다면 더는 학교 일을 공유하고 싶지 않을 것이다. 말하지 않는 건 사춘기 중학생에게도 문제지만, 플렉시블 워킹 구성원 간에도 문제다.

의자, 책상, 모니터, 마우스

몸을 단련하기 위해 운동을 시작하는 사람은 먼저 운동화와 운동복 그리고 운동에 필요한 도구를 구비한다. 플렉시블 워킹을 할 때도 마찬가지다. 고정된 자리에서 일하지 않고 유목민처럼 돌아다니면서 일하기 위해서는 도구를 갖추어야 한다. 가장 중요한 도구는 '의자'다. 코로나 이후 많은 기업이 재택근무를 시행하면서 깨달은 것이 있다. '우리 회사 의자가 매우 좋은 것이었구나. 사무용 의자가 따로 있구나!' 플렉시블 워킹으로 집에서 근무를 많이 하는 사람은 우선 의자를 구입한다. 기존의 식탁 의자, 소파 의자, 장식용 의자가 아닌 본격적인 사무용 의자 말이다. 시대의 흐름을 타고 브랜드를 알린 허먼밀러의 에어론은 무려 200만 원이다. 사무용 의자를 제대로 구입하려면 적어도 100만 원 이상의 돈을 써야 한다. 다음은 책상. 의자에 맞는 책상을 새로 구입하거나, 식탁을 책상 전용으로 쓴다. 다음은 모니터. 회사에는 노트북과 연결할 큰 사이즈의 모니터가 있다. 재택근무 시행 때 나왔던 예상치 못했던 질문은 이렇다. "회사 모니터를 집에 가져가도 되나요?" 회사의 답변은 "안 됩니다"였다. 플렉시블 워킹을 시행할 때 도구는 개인이 감당해야 할 몫이다. 회사는 선택권을 주는 것이지 집에서 일하라고 강요한 게 아니니까.

모든 것이 갖춰져 있는 회사를 떠나 다른 곳에서 일하려면 이렇게나 필요한 게 많다. 여기서 끝이 아니다. 노트북 거치대, 마우스, 마우스 패드, 방석, 슬리퍼, 컵과 컵받침까지 끝이 없다. 이런 게 다 갖춰져 있는 회사에서 일하는 게 가장 낫다고 생각할 수도 있다. 그렇다면 회사에서 일하는 것이 좋다.

도구 때문에라도 플렉시블 워킹은 임시일 수가 없다. 내가 계속 집에서 일할 거라는 생각이 들어야 100만 원이 넘는 의자에 투자할 수 있다. 물리적 도구를 갖추는 데에는 두 가지 의미가 있다. 첫째, 선언의 의미다. 내가 본격적으로 플렉시블 워킹을 시작한다는 것을 나 자신과 주변인에게 알리는 것이다. 도구를 구비함으로써 이를 쉽게 그만두지 않을 것임을, 내가 꽤 진지하다는 것을 입증한다. 남이 안 보더라도 그 도구를 볼 때마다 내가 하려던 일이 떠오른다. 운동을 시작하려는 사람에게 으레 운동화를 새로 사라고 권유하는데, 운동화 끈을 묶으면서 나의 결심을 떠올리게 되기 때문이다. 같은 이유로 플렉시블 워킹 도구로 무선마우스를 살 것을 추천한다. 마우스는 어디든 들고 다닐 수 있다. 무선마우스를 잡을 때마다 그곳이 나의 워킹 플레이스가 된다.

도구를 갖추는 일의 또 다른 의미는 실제적 효율이다. 따라서 장시간 근무할 수 있는 환경에 도움이 되는 도구를 갖출 것을 추천한다. 무엇보다 바른 자세로 오래 앉아 있을 수 있는 환경을 갖추어야 한다. 하루이틀 할 것이 아니므로 의자와 책상 높이는 무척 중요하다. 집에 책상을 놓을 여건이 안 된다면 집 근처 도서관이나 본인에게 맞는 카페를 찾거나 회사로 출근한다.

플렉시블 워킹이 일반화되고 플렉시블 워킹을 위한 공공장소가 많아지길 기대한다. 쥐 죽은 듯이 조용하게 공부하는 곳이 아니라 키보드를 타닥거릴 수 있는, 장시간 앉아 있기에 좋은 의자와 책상이 구비된 그런 공공장소 말이다. 출퇴근과 관계의 피로는 줄이고 몰입과 생각에는 도움이 되는 넓고 쾌적한 곳. 상대적으로 좁은 집에 모두 갖출 수 없는 부분을 채워주는 것이 공공의 역할이다.

코로나 이후 화상회의가 일반화되면서 필요한 도구가 더 늘었다. 카메라, 마이크, 스피커다. 보통은 노트북에 내장된 것들을 사용하지만 화상회의가 더 늘고 본격화되면 별도의 제품을 구비하기도 한다. 회의실 자체가 이런 시스템을 갖추고 있어서 회의실 대 회의실로 화상회의를 진행하는 경우도 있다.

회의 참석자들의 도구를 보면 화상회의가 계속될 거라고 기대하는지 임시로 생각하고 있는지 알 수가 있다. 회의 장소가 안정되어 있고 헤드셋이나 이어폰을 갖추고 있으면 계속될 거라고 기대한다는 뜻이다. 물론 예외는 있다. 나는 화상회의를 현재도 자주 하고 앞으로도 보편화될 거라고 예상하지만, 길 위(택시와 같은 이동수단 포함)에서 회의하는 것을 가장 선호하기 때문에 대단한 도구를 갖추고 있지는 않다.

플렉시블한 환경에서 화상회의를 하기 때문에 가상 배경화면은 실제로 많이 쓰이고 있고, 앞으로도 더욱 발달할 것이라 생각된다. 반면 메타버스 환경에서 회의하는 일은 일어나지 않았다. 코로나 초기에는 메타버스 교실을 만들어 거기서 수업이 이뤄질 거라 기대했지만 디지털 네이티브들의 말처럼 '굳이' 메타버스 안에 들어가서 수업할 필요성은 없었다.

화상회의 앱, 줌zoom은 코로나가 일어나기 8년 전에 이미 개발되어 있었다. 도구는 이미 만들어져 있을 가능성이 크다. 필요에 따라 선택될 뿐이다. 플렉시블 워킹 제도 안에서 구체적인 방법을 만드는 것은 개인의 몫이다. 도구를 선택하고 활용하는 것도 그렇다. 그런 면에서 플렉시블 워킹은 개인에게 맞춰져 있는 동시에 개인의 투자를 필요로 한다.

공유 캘린더, 공유 시트, 메신저, 알람

'일은 일일 뿐'이라고 생각하는 사람은 플렉시블 워킹을 하기 어렵다. 디지털 도구의 핵심은 모빌리티, 언제 어디서나 나를 따라다닌다는 것이다. 사무실을 떠나면 전화를 받을 수 없는 환경이 아니다. 디지털 도구는 개인 휴대폰과 연동될 수밖에 없는데 이를 분리하고자 한다면 두 개의 폰을 쓰거나 모든 경우 아이디를 두 개 만들어야 한다(그것조차 플랫폼이 알아차리고 서로를 연결해준다). 개인 전화번호 디렉토리에 회사 일로 알게 된 사람의 전화번호를 저장하고 싶지 않아서 모두 암기하는 사람, 저장할 때 이름 앞에 #을 붙여서 카톡이 뜨지 않게 하는 사람도 있다. 어떻게든 분리하고자 하는 것이다. 하지만 회사 일과 개인사를 수시로 넘나드는 플렉시블 워킹에서는 그러기가 어렵다.

플렉시블 워킹을 한다면 이러한 선긋기는 멈춰야 한다. 디지털 도구의 핵심은 모든 것을 '공유'하는 것이다. 플렉시블 워킹에서 디지털 도구를 잘 활용하는 방법을 알아보자.

공유 캘린더

구글 캘린더는 우리 부서가 플렉시블 워킹을 시작할 때부터 지금까지 사용한 거의 유일한 디지털 도구다. 그사이 사내 인트라넷도 바뀌었고, 코로나로 화상회의 시스템도 도입되었고, 문서 공유 방식도 여러 번 바뀌었지만 구글 캘린더만큼은 변함없이 쓰인다. 사용 방식도 같다. 부서원 전체가 같은 구글 캘린더를 공유한다. 누구나 쓸 수 있고, 누구나 볼 수 있고, 누구나 수정할 수 있다. 말머리 규칙은 4개, 즉 [회사], [외부], [미팅], [휴가]로 자신의 상태를 표현하는 것이다. [마감], [최종], [모모(모두의 모임)], [점심] 등 변주도 많이 생겼다.

이를 보면 누가 회사에 나오는지, 외부에 있는지, 누가 지금 미팅 중인지, 누가 누구와 점심을 먹는지도 알 수 있다. 오늘 또는 내일의 동선도 파악이 가능하다. "오늘 누구랑 점심 있으시죠?" "달력에 아무 일정도 없는데 이 시간으로 미팅 잡 겠습니다." "이때 여기서 미팅 끝나시죠? 근처에서 잠깐 뵐 수 있을까요?" 대부분의 팀원은 내 스케줄을 알고 있다.

본인이 어디에 있을지 자율적으로 결정하고 그 위치는 대 부분 공개한다. 2024년 4월에 나는 마곡, 선유도역, 여의도, 용산역, 코엑스 근처에 자주 갔고, 그 근처에서 팀원들과 미 팅을 했다. AI 파워를 빌리지 않아도 내가 누구와 어디에 있는 지 가늠할 수 있다. 정보의 공유와 공개는 민주적이고 효율적 이다. 누가 누구와 만나는지 숨기고, 만나더라도 문을 닫고, 창마저 까맣게 칠하는 밀실이 권력을 가진 자들의 특권처럼 여겨지던 때는 모두 밀실 안에 들어가기 위해 애쓰고, 밀실 안에서 일어나는 일을 알기 위해 촉각을 곤두세우는 데 에너 지를 썼다. 밀실이라는 구시대적 표현을 쓰지 않더라도 정보 가 공유되지 않으면 정보를 확인하기 위해 묻고 답하는 데 시 간이 든다. 정보 공개는 민주적인 가치관을 위한 것이기도 하 지만 무엇보다 효율을 위해 좋다.

구글 드라이브를 통한 파일 공유가 가장 빈번하다. 여러 사람이 함께 작업하고 같이 보고 수정할 수 있으며, 댓글로 의견을 달 수도 있고 이메일과 연동하여 파일을 전달하고 수정 사항이 전달되게 할 수도 있다. 권한 설정을 통해 누구에게 어떤 권한을 줄 것인지도 정할 수 있어서 문서를 공유하는 방식에서 거의 완벽하고 충분해 보인다. 누구든 구글 아이디만 있으면 된다.

다만 이를 통해 많은 문서가 공유되고 같이 의견을 나누기 때문에, 권한을 신중하게 설정해야 한다. 너무 많은 정보를 추가적인 지식 없이 보게 되면 혼선이 생길 수 있다. 또 보아야 하는 문서의 양이 너무 많아질 수 있다. 한눈에 보이는 달력과 달리 공유 문서는 읽는 수고를 해야 한다. 임원만, 팀장까지, 해당 팀만, 해당 업무 관계자만, 보기 권한만, 수정 권한까지 등등 고려해야 할 권한 설정 영역이 많다.

같은 문서를 반복적으로 업데이트할 것이 아니라면 전통적인 오피스 파일로 만들어서 이메일로 공유하는 것이 편하다. 파일 공유는 디자인 작업을 최소화하는 데도 도움이 된다. 파워포인트로 문서를 작성한다고 하면 커버, 폰트, 컬러, 화면 구성 등 모두가 디자인 요소다. 정해진 문서 양식을 따르면 디자인 작업에 시간과 수고가 덜 들어 효율적이다.

아직 회사 외부와는 드라이브를 통한 파일 공유가 활성화되어 있지 않다. 구글 슬라이드를 통해 문서를 작성한다 하더라도 파워포인트로 만든 슬라이드를 구글 슬라이드로 다시 옮기는 이중 작업을 하고 있다. 공유라는 방식이 회사 사이를 오가는 범용적인 방식이 되면 문서 작성, 이메일 작성, 수정 요청, 다시 작성과 보내기 받기 과정을 줄일 수 있어 효율적일 것으로 기대된다.

메신저

카톡 메시지는 업무 수단이자 그 자체로 중요한 문건이다. 플렉시블 워킹에서 가장 빈번한 대화는 메신저로 이루어진다. 우리 팀은 오랫동안 네이트온을 사용했다. 많은 사람이 사용하지 않기 때문에 오히려 선호되었다. 네이트온의 친구들은 오직 회사 사람뿐이다. 반면 카톡에는 너무 많은 사람이 있다. 업무 중 올리는 카톡에 매번 반응하기는 어렵지만 네이트온이 올린다면 이는 회사 일로 생각해도 무방하다.

그런데 카톡이 점점 업무의 영역으로 들어오고 있다. 카톡에만 있는 다자간 통화 기능, 휴대폰에서 더 편한 방식, 사진 공유 특화 등으로 인해 업무에서 카톡이 빠질 수 없다. 그래도 카톡을 메인 메신저로 바꾸게 되지는 않을 것이다. 너무 많은 'ㅋ'과 이모티콘을 보내야 할 것 같은 카톡 메시지의 특성과 업무 간 거리감이 크기 때문이다.

이를 간파했는지 카카오에서 카카오워크라는 업무용 메신저를 따로 만들었다. 카톡과 연동할 수 있지만 연동이 기본값은 아니다. 업무하는 자아와 토크하는 자아는 다를 수 있음을 전제로 하고 있다. 하지만 이름이 허들이다. 카카오워크라. 내가 카카오 직원이 아닌 이상 카카오워크는 인지 부조화를 일으킨다. 카카오는 웃음과 이모티콘을 날리는, 선물을 주고받는, 불을 뿜는 분노와 엉덩이춤을 추는 기쁨을 표현하는 감정의 메신저다. 카톡과의 형제애를 보여주기 위해 '톡'을 돌림자로 사용했으면 어땠을까 하는 뒤늦은 제안을 해본다. 데스크톡, 오피스톡, 팀워크톡, 일잘러톡, 워커스톡?

이름의 허들에도 불구하고, 우리 팀은 2024년 6월부터 메인 메신저를 네이트온에서 카카오워크로 바꾸었다. 바꾼 이유는 보안 문제다. 네이트온 계정을 해킹당한 구성원이 있어서 중요한 파일을 주고받는 메신저로 네이트온을 쓸 수 없게 되었다. 카카오워크로의 이주는 빠르게 이루어졌고, 적응도 빨랐다. 구성원 모두 카카오워크 프로그램 다운로드, 실행, 초대 이메일 수락하고 한 방에 모이는 데 1~2시간, 적응에는 1~2일이 걸렸을 뿐이다.

뒤늦게 알게 된 조금 놀라운 기능이 있는데, 기존 채팅방에 새로운 사람을 초대하면 새로운 사람도 초대되기 전에 오갔던 내용을 볼 수 있다. 새로운 멤버가 듣기 곤란한 내용이 있으면 그야말로 곤란해진다. 업무용으로 만들었으니 새로운 멤버가 기존 내용을 빠르게 파악하는 것이 좋겠다고 판단했을 것이다. 기존의 채팅방 룰과 다른 기능이니 유의하기 바란다.

우리 회사에도 사내 메신저가 따로 있다. 하지만 범용성 있는 메신저보다 UI가 좋지 않고, 몇 백 명의 회사 사람이 모두 친구로 있는 사내 메신저보다는 익숙한 네이트온(이후 카카오워크)이 더 자주 사용된다. 사실 익숙함보다는 디자인 때문이다. 사내 메신저의 폰트 종류, 폰트 크기, 바탕 화면의 묘한 파랑색, 본인과 상대의 프로필 사진, 이 사진이 들어가는 동그라미의 크기는 최고의 메신저 디자인과 UI를 경험한 소비자(회사 직원들)가 가장 빈번히 사용하는 메신저가 될 수 없다고 말하고 있다.

메신저에 대해 얼마나 민감하게 반응할지는 개인의 몫이다. 메신저 반응을 규칙으로 정할 수는 없다. 3분 내 응답하기라거나, 얼마 동안 활동이 없으면 [자리 비움] 상태로 만들라거나, 몇 시부터 반드시 PC로 메신저를 켜야 한다는 등의 규칙은 플렉시블 워킹이 아니라 또 다른 고정 업무 방식이다. 어떤 사람은 메신저에 빠르게 반응하기 위해 스스로 너무 예민해져 있다. 어떤 사람은 아무리 애를 써도 반응이 느리다. 메신저에 너무 압도당하지 않고 상대도 답답하지 않게 하는 정도의 균형점을 스스로 찾아야 한다.

같이 일하는 사람이 메신저 반응이 늦다면 문자를 하거나 전화를 할 수 있다. 본인이 휴가와 쉬는 시간까지 알람을 끄지 않고 전전긍긍한다면 자신의 방법을 돌아보아야 한다. 플렉시블 워킹에서 경계해야 하는 것은 과한 민감함이다(과한 둔감함은 여기서 다룰 문제가 아니고 해당 회사의 인사과에서 다룰 문제다). 곤두선 촉각을 덜 곤두서게 하는 법, 곤두선 촉각을 내리고 눈을 감는 법을 익혀야 한다. 이어지는 국면 전환 장치에서 과한 민감함을 다스리는 방법을 참고해보자.

나는 11시 40분까지 이 글을 쓰고 12시 점심 약속을 위해 일어날 것이다. 그러기 위해 11시 40분에 알람을 맞춰두었다. 11시 40분까지 일어나지 않고 글을 쓸 것. 그때까지는 시계를 보지 않고 다른 것에도 신경 쓰지 않고 워드 파일만 본다. 11시 40분까지 메신저나 이메일, 전화는 후순위가 된다. 11시 40분에 확인하면 된다.

나에게 알람은 특정 업무로 진입하는 장치이자, 특정 업무를 집중도 있게 진행하는 시간, 끝내고 다음 단계로 넘어가는 수단으로 훌륭한 국면 전환 장치다. 플렉시블 워킹으로 혼자서 일하게 된다면 업무의 시작으로 진입하는 리추얼은 반드시 필요하다.

리추얼을 만드는 도구는 세수, 산책, 알람, 향, 위치 변경, 음료수 등이 있다. 위치 변경이 가장 확실한 방법이다. 집에서 공부가 안 되면 도서관에 가는 원리와 같다. 어디서든 일이 잘 안 되면 우선 회사로 출근하는 것도 답이다. 음료수는 다른 음식보다 국면 전환 효과가 좋다. 예전 맥심 커피 광고 카피처럼 '(재택근무 하는 환경에서) 커피 타고 출근한다.' 감각적으로 변화를 확 느끼게 해주는 향도 좋은 국면 전환 도구다. 손을 씻고 특정 향의 핸드크림을 바르거나 진짜 향을 뿌린다. 인간은 몸을 갖고 있다, 모든 일이 마음가짐에 달려 있지는 않다. 일이 손에 잡히게 하기 위해 몸에 다른 자극을 주어야 하고 이를 몸으로 체득해야 한다.

어떤 사람은 메신저에 빠르게
반응하기 위해 너무 예민해져 있다.
어떤 사람은 아무리
애를 써도 반응이 느리다.
플렉시블 워킹에서 경계해야 하는 것은
과한 민감함이다.

곤두선 촉각을 덜 곤두서게 하는 법,
곤두선 촉각을 내리고
눈을 감는 법을 익혀야 한다.

플렉시블 워킹에 필요한 공간의 변화

조성익 교수

한국 최초 코리빙하우스 '맹그로브'를 만들었다. 건축가로서의 야심
은 두 가지, 그동안 보지 못한 개인 공간을 만드는 것과 그동안 보지
못한 커뮤니티 공간을 만드는 것이다.

일에서의 플렉시빌리티flexibility는 각자 자기만의 방법으로
일하는 것, 시공간의 선택권을 개인이 갖고 상호 협조하며 일이
되게 하는 것을 의미합니다. 공간 건축에서 플렉시빌리티는

공간 건축에서 플렉시빌리티는 '시간을 이기는 것'입니다. 6인이나 8인이 회의를 한다는 시나리오를 갖고 테이블을 놓았다면 10년 후에도 유용할 때 플렉시블하다고 이야기합니다. 사무실 책상을 예로 들자면, 칸막이가 있는 개인 좌석은 지금과 같은 자율좌석제 시대에 맞지 않겠죠. 반면 손쉽게 재배치해서 사용할 수 있는 모듈 가구 USM, 무인양품의 유닛 가구는 다양한 시나리오를 가능하게 합니다. 지속성은 튼튼함이 아니라 변신 가능성에서 나옵니다.

많은 활동이 집 안에서 이뤄지고 있습니다. 일도 그중 하나죠. 플렉시블 워킹으로 집에서 일하는 상황이 많아지는데 1인 가구의 집은 예전보다 더 좁습니다. 플렉시블 워킹을 위한 집을 건축함에 있어 해법이 있을까요?

(**공간 분리를 위한 좁고 긴 평면**) 일하면서 침대가 보이는 것이 가장 '깨는' 경우 아닐까요? 지저분한 생활감을 보는 것이 싫은 거죠. 맹그로브를 지을 때 참고한 것이 수도원입니다. 수도원의 평면도를 보면서 주목한 것은 좁고

긴 평면이었습니다. 수도원의 방은 철저히 1인 1실입니다. 2인 1실을 할 만도 한데 그러지 않았어요. 철저하게 개인화된 방은 좁지만 긴 평면을 통해 활용도를 높였습니다. 호텔방도 좁고 긴 경우가 많죠. 한 공간을 나눠 쓰기 좋기 때문입니다. 좁고 긴 간단한 디바이더로 공간을 분리할 수 있어요. 커튼만으로 워크존과 슬립존을 나눌 수 있죠.

〔공간 구분을 위한 조명 설계〕 맹그로브는 작은 방이지만 팬던트 조명과 다운라이트를 달았습니다. 팬던트 조명은 한국에서 주로 멋으로만 인식되는데, 잘 생각해보면 공간을 구분하고 나누는 데 쓰이는 조명입니다. 한 곳을 집중적으로 밝히고 나머지 부분의 조명을 끌 수 있으면 공간이 자연스럽게 구분되죠. 조명 디자인이란 어둠을 만드는 것이라고 합니다. 지금의 조명은 모든 곳을 대낮으로 만들고 있어요. 원시 시대에는 지평선에서부터 높이 올라가는 빛을 보면서 활동을 시작했고, 저녁에 바다으로 내려가는 해를 보며 동굴로 돌아왔습니다. 일부 전문가들은 현대인의 불면증 원인을 빛에 대한 감각을 잃게 만드는 조명에서 찾기도 합니다. 주거도 습관이고 노

력과 연습이 필요합니다. 조명 기구에 대한 생각을 조금 더 기능적으로 하면 좋겠습니다.

〔소프트워크 가구들〕 가구회사 비트라에서 디자이너들과 함께 미래의 사무가구가 무엇인지 연구했습니다. 답은 소프트워크 가구입니다. 많은 사람이 캐주얼하게 일하고 있어요. 공항에서도 일하고, 서서 일하거나, 바에서 일합니다. 일하다 마시고, 일하다 이야기하고, 일하다 움직이죠. 우리 건축 사무소가 있는 망원동 근처 바에서 일하는 사람을 쉽게 볼 수 있습니다. 쉽게 움직일 수 있는 책상, 고정되어 있지 않은 의자, 서서 일하기 위한 테이블 등이 필요합니다. 옮겨 다니면서 노마드로 일하는 것은 편리하기도 하고 기분도 전환됩니다. 그런데 막상 마음먹고 이런 가구를 만드는 회사가 많지 않아요. 소프트워크를 위한 가구가 필요하고, 이런 가구들이 배치되는 공간이 필요해질 겁니다.

〔기분 전환과 환기를 위한 장치들〕 저는 베란다를 '개방형 발코니'로 바꾸자는 의견을 주장해왔어요. 지금의 베란다는 확장을 가정하는 보너스 평수 같은 거예요. 개방형 발코니는 확장이 불가능한 것으로, 바람을 쐴 수 있고

기분 전환과 환기를 위한 외부 공간입니다. 이런 개방형 발코니는 좁은 집의 기분 전환 장치가 될 수 있죠. 코리빙하우스의 공용 공간 역시 좁은 집의 기분 전환을 위한 장치이자 커뮤니티 기능을 합니다.

업무를 포함해서 집으로 들어오는 많은 활동을 고려할 때 코리빙하우스의 공용 공간은 이 시대 주거 문화에 좋은 대안이 될 수 있을 것 같습니다. 코리빙 주거 공간은 플렉시블 워킹을 하는 데 어떤 이득을 줄 수 있을까요?

꼭 플렉시블 워킹을 위해 코리빙하우스를 설계한 것은 아니지만 코리빙하우스의 이점이 플렉시블 워킹을 하는 사람들에게 유리하게 작동할 것 같습니다. 수도원은 오래전부터 공동 생활과 공동 노동이 이루어진 곳입니다. 집에서 생활도 하고 노동도 한다면 수도원을 닮은 코리빙하우스에서 많은 힌트를 얻을 수 있을 거예요.

[경험의 우월성] 코리빙하우스의 경우 최소한의 개인 방을 주고, 개인 공간에서 덜어낼 수 있는 것은 모두 덜어내서 공용 공간에 배치합니다. 화장실과 샤워실을 공용으로 쓴다고 하면 기겁을 하지만 샤워실을 밖에 두면 청

소를 관리자에게 맡길 수 있고, 방은 쾌적하게 유지되며, 같은 값에 훨씬 더 좋은 설비를 갖출 수 있습니다. 옷장을 밖에 두면 내 방이 넓어지고, 세탁실을 같이 쓰면 속옷용 작은 세탁기도 따로 마련할 수 있죠. 공유함으로써 혼자 할 때보다 더 좋은 경험을 할 수 있습니다. 자동차 공유 시스템으로 스포츠카를 경험할 수 있듯이 말입니다. 욕망의 방향은 다르지만 공유를 통해 얻을 수 있는 경험의 우월성은 이해하실 수 있을 것입니다.

〔말하지 않는 옆자리 사람이 주는 커뮤니티성〕 인간이 느끼는 외로움은 개인이 알아서 책임질 문제가 아니라 시스템이 해결해줘야 하는 문제입니다. 1인 가구를 스스로 선택했다고 해서 "누가 결혼하지 말래?"라며 방치하면 안 됩니다. 그 수가 절대적으로 늘어나고 외로움이 임계점을 넘으면 사회적 문제가 될 것입니다. 영국이 외로움 장관을 임명한 것은 외로움을 국가 해결 과제로 봤기 때문이에요.

맹그로브 2년 차에는 감동적인 사연들이 많았어요. 회계사 시험을 준비하는 어떤 분에게 식당에 있는 분들이 "잘 다녀오세요"라고 한마디 했대요. 특별히 아는 사이라고는 할 수 없지만 같은 집에 살고 있다는 것은 알았죠. 그분이 우울증이 있었는데 정말 큰 위로가 되었다고 합니다. 이처럼 거창한 커뮤니티 활동을 기획하는 것이 아니라 말하지 않는 옆자리 사람이 주는 커뮤니티성을 기대합니다. 특정 공간이나 상황을 설계하면 커뮤니티성이 만들어질 거라고 기대하는 거죠.

〔타인에 의한 성장성〕커뮤니티성에 더해서 남들과의 부딪침은 자기 성장의 동기가 될 수 있습니다. 모두 친구가 되라는 게 아닙니다. 타인을 보는 것만으로도 성장이 됩니다. 도서관에 가서 공부하는 사람들을 보면 나도 공부하게 되듯이요.

코리빙하우스 2.0의 과제는 무엇인가요?

〔사업적 관점〕코리빙하우스는 운영단이 있어야 해서 손이 많이 가고 금전적 부담도 생각보다 큽니다. 클라이언트는 주거 이외의 비즈니스, 즉 유사 취향을 가진 그룹이 모여 있다는 데서 얻을 수 있는 추가 비즈니스도 기대했는데 사업적 기회가 쉽게 오지는 않았습니다. 사용자는 코리빙이기에 그만큼 저렴할 것이라고 생각하지만, 공

급자 입장에서는 운영비도 많이 들고 공간 규모도 작지 않습니다. 호텔이라면 객단가를 높이겠지만 취향이 높고 구매력이 낮은 사용자는 큰 이득이 없으면 쉽게 오피스텔이라는 대안을 택합니다. 취향은 높은데 구매력이 낮아 문제라는 것은 아닙니다. 취향과 구매력의 낙차가 새로운 것을 만들어야 하는 동기가 될 것입니다. 아직 참신한 비즈니스 모델을 찾고 있을 뿐이죠.

(문화적 관점) 한국 사람은 하우스 파티, 프롬 파티, 스몰 토크에 익숙하지 않습니다. 적당한 거리를 두고 스몰 토크를 하는 코리빙 커뮤니티성에 익숙하지 않아요. 소위 '빌런'이라고 하는 한 사람만 있어도 커뮤니티는 쉽게 와해됩니다. 하지만 신촌 맹그로브에서 했던 피자 파티(어떤 테마도 없이 '피자 공짜로 줄게, 맥주는 가져와'라는 엘리베이터 광고만으로 50명이 모인 즉흥 파티) 실험에서 보듯, 특정 공간이나 상황이 만들어지면, 즉 그 세대와 성향에 맞게 불을 당겨주면 커뮤니티성이 작동할 거라고 기대합니다. 고소득 계층에게는 커뮤니티성이 필요 없어요. 밥 사면서 사람을 쉽게 모을 수 있죠. 사회적 약자일수록 커뮤니티가 필요하다고 믿고, 건축가로서 이런 설계

를 계속 제안하려고 합니다.

'따로 또 같이'라는 면에서 플렉시블 워킹과 꼭 닮은
코리빙하우스 건축가가 전하는 교훈

- **불편하리라고 예상한 것이 우월한 경험으로 반전될 수 있다.**

  공용 욕실이 청소의 아웃소싱, 호텔 같은 욕실을 가져올 수

  있듯이 플렉시블 워킹의 주체성이 더 나은 아웃풋, 더 진한 우정,

  조직에의 자발적 로열티를 가져올 수 있다.

- **커뮤니티성을 획득하기 위해 비용과 운영 노하우가 필요하다.**

  플렉시블 워킹 조직에서도 소속감과 우정을 쌓기 위한

  자발적 워크숍, 다양한 이벤트가 필요하다.

  이를 위해 비용과 운영 노하우가 필요하다.

  문화적으로 익숙하지 않지만 대안과 희망은 있다.

코리빙하우스 2.0을 위한 아이디어

- **커뮤니티 공간을 외부에 개방하자.**

코리빙하우스에 대해 '집에서까지 사회생활을 하고 싶지 않다'는 소비자 의견이 있다. 우리 집 말고 옆집에서의 커뮤니티는 어떨까? 내 집에서는 철저하게 익명성을 유지하고, 근처에 있는 공용 공간을 활용하여 커뮤니티성을 얻는 것이다. 플렉시블 워킹을 하는 사람들도 쉽게 이 공간을 이용할 수 있고 공간 이용료를 받는다면 운영에도 도움이 될 수 있다.

- **커뮤니티 공간을 공공화하자.**

외로움의 사회적 비용을 고려할 때 공공이 커뮤니티 공간에 비용을 지불해야 한다. 공원 관리의 주체가 공공이 되는 것처럼, 건물 안 커뮤니티 공간 관리 주체를 공공으로 만드는 것이다. 공공 입장에서는 직접 땅을 사고 건물을 짓는 것보다 비용 절감 효과가 있고, 사업자 입장에서는 공간 대여료를 받을 수 있어 이득이 될 수 있다.

고된 공장식 노동에서

'고된'을 떼어내고 '공장식'을 떼어내면,

노동이 내 것이 된다

오늘은 노동자의 휴일, 노동절이다. 노동은 뭘까? 꼼짝 않고 3시간째 글을 쓰는 것은 노동인가, 창작인가? 허리가 아프고 배가 고파지는 것으로 봐서는 에너지를 쓴 노동이다. 휴일임에도 노동을 하는 이유는 이것이 내 일이기 때문이다. 노동이 내 것이 될 때 억울함은 사라진다.

그렇다면 어떻게 해야 함께 일하면서 노동을 내 것으로 만들 수 있을까? 어떻게 하면 같이 살면서 따로 각자의 라이프를 존중할 수 있을까? 모순된 질문 같지만 불가능한 것은 아니다. 8년간의 실험을 통해 '함께'와 '내 것'의 공존을 목격했다. 그러기 위해 필요한 것이 '문화'다. '각자'의 방식으로 '함께'를 도모하는 문화는 한 사람의 일방적인 주장으로는 불가능하다. 두꺼운 규정집으로도 어렵다. 구성원이 문화를 공유하고 새로운 구성원이 문화에 문화를 더하여 생물체 같은 문화가 만들어질 때 가능한 일이다. 공장식, 군대식이라는 수식어를 제외하고 한국에 조직 '문화'라 부를 만한 게 있을까?

플렉시블 워킹이 스스로 일하는 방식을 정하는 것이라 한다면, 여기에는 두 가지 전제 조건이 있다. 개인이 스스로 일하는 방식을 정하는 것을 '인정'하는 조직문화, 그리고 각자의 방식으로 일하는 조직 구성원을 '함께' 묶어줄 수 있는 조직문화, 이 두 가지 문화가 반드시 필요하다.

직장에서의 점심 식사를 예로 들어보자. 군대식은 상사가 먹자고 하는 대로 먹는 것이다. 상사는 부하 직원의 메뉴와 먹는 시간, 먹는 방법까지 결정할 수 있다. 공장식은 시간을 정해서 같은 메뉴로 같은 장소에서 같은 시간에 먹는 것이다. 혹은 교대로 먹는 시간까지 통제하는 것이다.

코로나 때 많은 회사가 플렉시블 워킹을 수행한 것 같지만 실상은 그렇지 않다. 어떤 회사는 '누구도 회사에 나오지 말고 집밖으로 한 발자국도 나가지 마'라고 군대식으로 명령했고,

어떤 회사는 '이번 주는 이 부서만 나오고, 다음 주는 이 부서만 나오라'고 공장식으로 행동을 규정했다. 둘 다 플렉시블 워킹 조직문화라 하기 어렵다. 코로나 때 한국 기업은 재택근무는 경험했을 뿐, 플렉시블 워킹 방식은 경험하지 못한 경우가 많다.

플렉시블 워킹 조직문화 아래서 점심 식사는 상사의 명령이나 공장 시스템이 아닌, 자율적 제안과 참여에 의해 이루어진다. 누군가 영등포 모처에서의 점심 식사를 제안한다. 몇몇은 참석하고, 몇몇은 다음을 기약한다. 몇몇은 집에서, 몇몇은 회사에서, 몇몇은 다른 곳에서 식사를 같이 한다. 단, 몇 사람이 영등포에서 식사한다는 사실은 모두에게 공유된다. 식사 후기가 공유되고, 다음 식사 약속이 잡힌다. 그때의 참석자는 또 다르다. 이런 비공식적 자리가 중첩되고 중첩되어 우리는 같이 식사하는 조직 구성원이라는 인식이 자리 잡는다.

나는 이를 '우정 기반 조직문화'라 부르고 싶다. 개인이 원하는 것은 스스로 일하는 방식을 정하는 것이지만, 알고 보면 '그럴 수 있는 조직문화' 속에서 일하는 것이다. 조직문화가 좋은 곳에서 일한다고 생각하면 조직에 대한 만족도와 충성도가 높아진다. 조직에 대한 충성도를 높이기 위해 플렉시블 워킹을 하는 것은 아니지만 적어도 즐겁게 일할 수는 있다. 노동이 꼭 고되어야만 하는 것은 아니다. 밥벌이가 꼭 지겨울 필요도 없다.

공장식 노동은 근대의 산물이다. 인간이 정해진 시간에 모여 기계의 움직임에 리듬을 맞추는 것이 유일한 업무 방식은 아니다. 농사짓는 인간은 시계가 아니라 하늘을 보며 일했다. 뜨고 지는 해와 날씨와 바뀌는 계절에 맞춰 일했다. 지금은 나와 옆자리 동료를 돌아보며 일한다. 나에게 좋은 방식, 서로에게 도움이 되는 방식, 결과적으로 시너지가 나는 방식을 찾는다. 시계 대신, 하늘 대신, 옆 사람을 보면서 말이다.

한시가 시급한 회사여서 사람을 돌아볼 여유가 없을수록 사람을 돌아보아야 한다. 우리는 사람과 일하고 있다. 사람은 기계가 아니어서 마음에 따라 생산성이 달라진다. 생산성을 위해서라도 사람을 돌아보아야 한다.

For What에 도달하셨습니까?

For What

궁극의 목표는 모두 다 프로페셔널이 되는 것입니다.

여기서 프로페셔널은 결과로 이야기하는 사람이라 할 수 있겠습니다. 의장님이 예전부터 "본인의 파워를 키워라. 그러기 위해 안에만 있지 말고 밖으로 나가라"고 하셨다 합니다. 본인의 위치와 역량, 성향에 따라 밖으로 나가 사람을 만나는 것이 득이 되지 않을 수도 있고, 아무리 득이 된다 하더라도 안 맞을 수도 있습니다. 하지만 그 의도만은 이해할 수 있지요. 역량을 키우자. 내실을 더 다질 필요가 있는 때가 있고, 외연이 필요한 때가 있겠으나 역량을 키우는 데 업무

| 시간이 그대의 발목을 잡지는 않겠다는 의도로 이해됩니다.

플렉시블 워킹을 시작할 때 목표는 이와 같았다. '프로페셔널이 되자.' 그래서 그 목표에 도달했는가? 이제 막 들어온 26세 신입사원이 플렉시블 워킹 방식으로 일한다고 해서 프로페셔널이라고 볼 수 있을까? 아닐 이유는 없지만 이 경력으로 독립하기는 어렵다는 점에서 프로로 보기는 어렵다. 프로로 나아가는 과정에 있다고 보는 것이 맞을 것이다.

하지만 플렉시블 워킹은 개인을 프리워커로 대한다. 프리워커는 프로가 되기 위한 유일한 전제 조건은 아니지만, 프로로 성장하기 위해 유리한 조건이기는 하다. 비유하자면 조직의 이름으로 쓰인 책의 참여자가 되느냐, 개인의 이름이 명시되는 공저자가 되느냐의 차이다. '생활변화관측소 지음'과 'J, K, M 지음'의 차이다. 생활변화관측소 소속의 J, K, M은 자신의 이름이 명시되는 책을 쓸 때 '내 일'이라고 느낄 가능성이 더 크다. 그렇다고 J, K, M이 본인의 소속인 생활변화관측소를 고려하지 않는 것은 아니다. 자신이 생활변화관측소라는 조직을 대표한다고 생각하여 생활변화관측소의 철학과 이익에 반하지 않도록 신경 쓰고, 생활변화관측소에 좋은 영향을 미칠 수 있도록 노력한다.

프로는 자기 이름으로 일하는 사람이다. 자기 이름으로 일하는 사람은 자기만을 위해 일하는 사람과는 다르다. 자기 이름을 통해 조직을 빛나게 만들고자 하는 사람이다.

플렉시블 워킹 방식은 당신에게 이렇게 말하고 있다.

"당신의 이름을 걸고 일해주세요. 조직이 당신의 이름을 가리지 않겠습니다. 당신의 이름이 조직에 도움이 되면 좋겠습니다!"

글을 마치며

일의 진화
유연한 조직, 성장하는 개인

2024년 8월 12일 초판 1쇄 발행

지은이 　박현영
펴낸이 　김은경
편집 　　권정희, 장보연
교정교열 정재은
마케팅 　박선영, 김하나
디자인 　황주미
경영지원 이연정
펴낸곳 　㈜북스톤
주소 　　서울특별시 성동구 성수이로7길 30, 2층
대표전화 02-6463-7000
팩스 　　02-6499-1706
이메일 　info@book-stone.co.kr
출판등록 2015년 1월 2일 제 2018-000078호

ⓒ 박현영
(저작권자와 맺은 특약에 따라 검인을 생략합니다)

ISBN 　979-11-93063-58-3 (03300)

북스톤은 세상에 오래 남는 책을 만들고자 합니다. 이에 동참을 원하는 독자 여러분의 아이디어와 원고를 기다리고 있습니다. 책으로 엮기를 원하는 기획이나 원고가 있으신 분은 연락처와 함께 이메일 info@book-stone.co.kr로 보내주세요. 돌에 새기듯, 오래 남는 지혜를 전하는 데 힘쓰겠습니다.